1

페이스북 논객 최준영 교수의

유쾌한 420자 인문학

페이스북 논객 최준영 교수의
유쾌한 420자 인문학

지은이 최준영 | **펴낸이** 김용태 | **펴낸곳** 이룸나무
편집장 권선근 | **편집** 김민채 | **마케팅** 출판마케팅센터 | **디자인** 호기심고양이
사진 박종혁 (단비 www.showers.co.kr)
초판 1쇄 인쇄일 2011년 6월 28일
초판 1쇄 발행일 2011년 7월 1일
주소 130-823 서울특별시 동대문구 용두동 236-1 대우아이빌 101동 106호
전화 편집 02-3291-1125_마케팅 031-943-1656_팩시밀리 02-3291-1124
E-mail iroomnamu@naver.com
출판 신고 제 305-2009-000031 (2009년 9월 16일)
가격 14,000원
ISBN 978-89-963203-8-8 03300

※ 잘못된 책은 구입한 서점에서 바꾸어 드립니다.

페이스북 논객 최준영 교수의

유쾌한 420자 인문학

최준영 지음

이룸나무

인문학은 소통의 마당이다

건축가 김진애는 옛 가옥과 아파트의 차이를 마당에서 찾는다. 마당은 소통의 공간이며 삶의 이야기가 생성되는 공간이라고 정의한다. 드라마에서 유독 마당이 있는 한옥이 자주 등장하는 이유가 바로 그것이다. 드라마는 소통의 공간을 필요로 한다. 그곳이 곧 한옥의 마당이자 마루이다. 아파트문화가 판치는 세상에서 우리 드라마는 앞으로도 계속 마당 있는 집을 등장시킬 것이다.

너른 마당
신영복

너른 마당이란 대문이 열려 있는 마당입니다.
대문이 열려 있으면 마당과 골목이 연결됩니다.
그만큼 넓어집니다. 그러나 열린 마당은
공간의 의미를 넘어서 소통과 만남의 장場이 됩니다.
사람의 경우도 이와 다르지 않습니다.

| 추천사 |

다양한 분석틀로 응축된 인문학 소통이다

금태섭(변호사, 《디케의 눈》 저자)

위기의 인문학은 어디에서 돌파구를 찾아야 할까. 노숙인, 여성 가장, 교도소 수감인 등 소외계층을 상대로 누구나 이해할 수 있는 강의를 하는 최준영 교수가 쓴 글들이 하나의 힌트가 될 수 있다.

***

저자는 반값 등록금 집회, 서울광장에서 벌어지는 호국의 달 음악회, 〈생활의 달인〉에 등장하는 인물 등 우리 주위에서 쉽게 볼 수 있는 소재를 놓고 역사, 철학, 문학에서 추출한 다양한 분석틀을 들이댄다.

***

폭넓은 독서로 무장하고 '페이스북 논객'으로 등장한 그가 뉴스피드란에 맞춰 쓴 420자 칼럼은 짧은 분량 속에 우리가 사는 세계에 대해 만만찮은 성찰을 보여준다.

***

다양성과 소통이 인문학이 추구해야 할 새로운 방향이라면 이 책에서 그 단초를 찾을 수 있을 것이다. 소셜 네트워크의 시대에 간결하면서도 분명한 글쓰기 실력을 갖추고 싶은 분들에게도 권하고 싶다.

| 서문 |

소셜미디어로 소통한 유쾌한 420자

　보여주고 싶었습니다. 인문학도 얼마든지 재미있고, 발랄하고, 짧게 쓰고, 짧게 읽고, 편안하게 음미할 수 있다는 것을…. 그게 바로 책을 내는 이유입니다.
　더 있습니다. 소통입니다. 제아무리 훌륭한 생각이나 사상도 공유하지 않는다면 무슨 의미가 있겠습니까? 세상 모든 것의 존재 이유와 의미는 소통에서 찾아야 한다고 생각합니다.
　이 책은 소통과 공유의 산물입니다. 누가 시킨 것도, 어떤 목적을 가진 것도 아니었지만 매일 아침 '420자 칼럼'을 페이스북 담벼락에 올렸습니다. 전날 무리를 한 경우엔 점심 무렵이나 오후에 올리기도 했습니다만 글쓰기를 시작한 이래 하루도 거른 적이 없습니다.
　차츰 친구들의 반응이 나타났습니다. 재미있다거나 혹은 덜 여문 글이라는 지적까지. 그 소통의 과정을 여과 없이 보여드리고 싶었습니다. 책을 내는 두 번째 이유인 셈입니다.
　인문학을 문文 사史 철哲로 정의하는 게 맞다면 책 읽기와 글쓰기, 소통의 경험담을 담은 이 책은 분명 인문학입니다. 더구나 이 책은 자신의 정체성과 감성을 가감 없이 드러낸 사이버 공간에서 이루어진 소통의 경험이어서 남다른 의미가 있다고 자평합니다.

세상과 사람, 사람과 사람 사이의 소통의 끈을 놓지 않고 스스로 약간의 긴장을 부여하기 위해 시작했던 게 〈420자 칼럼〉이었습니다. 페이스북 '뉴스피드'의 한계 글자 수가 420자라는데 착안해서 붙인 이름입니다. 친구들은 매일 같이 올라오는 〈420자 칼럼〉을 통해 제 일상의 단면을 들여다보기도 하고, 그냥 흘러버린 세상사에 다시금 관심을 표하기도 했습니다. 다양한 반응들을 보였지만 그중 제일 반가운 건 이런 것들이었습니다.

"오전에 〈420자 칼럼〉 안 올린 걸 보니 어젯밤 꽤 달렸나 보군?"
"아, 그 문제를 그런 관점에서 볼 수도 있는 거네. 미처 생각하지 못했는데…"

칼럼이라고 부르기 민망한 수준미달 글이 수두룩하지만, 친구들의 그런 반응에 힘이 났습니다. 촌철살인은커녕 촌스런 감성과 철 지난 논리의 나열에 불과한 글도 많습니다. 그러나 두렵진 않았습니다. "왜 그렇게 매일 쓰느냐?"는 후배의 질문에 이렇게 답했습니다.

"어제 쓴 글이 부끄러워 그걸 밑으로 내리기 위해 오늘도 쓴다."

오늘의 수준에 실망하거나 염려하지는 않습니다. 앞으로도 늘 칼럼을 쓸 것이고, 더디지만 조금씩 나아질 테니까 말입니다.

글쓰기의 기본은 겸손한 마음이라고 생각합니다. 세상사에 대해, 무엇보다 사람에 대해 겸손한 마음으로 쓰는 글이라야만 거기에 향기가 있고, 감동이 있을 겁니다. 그래서 "완성본은 존재하지 않는다"는 보르헤스의 말을 늘 가슴 깊이 새기고 있습니다.

일상을 대하는 태도 역시 그와 다르지 않아야 한다고 생각합니다. 그것들이 모여 삶의 태도가 되고 삶의 철학이 될 것이라 생각합니다. 글에 대해, 삶에 대해 겸손한 태도를 갖는 것. 인문학이 가서 닿아야 할 곳이 바로 그곳이어야 한다고 생각합니다.

낮은 곳에서 실천하는 인문학, 쉽고 재미있게 풀어서 읽는 분들을 즐겁게 하는 유쾌한 인문학, 꾸미지 않고 솔직하게 고백하는 인문학, 그러나 책과 글과 삶에 대해서는 무한히 겸손하게 다가서는 인문학….

제가 이해하고 실천하는 유쾌한 인문학입니다.

얼숲 친구들이 없었다면 이 책은 세상에 빛을 보지 못했을 것입니다. 아침마다 제게 찾아와 반응을 보여주신 친구들의 댓글을 일부나마 함께 넣은 것은 그동안 친구들에게 진 마음의 빚을 갚고 싶어서입니다. 여러분을 사람 살맛나는 유쾌한 인문학의 세계로 초대합니다. 감사합니다.

2011년 6월
최준영

| 목차 |

추천사 | 다양한 분석틀로 응축된 인문학 소통이다 —5
서문 | 소셜미디어로 소통한 유쾌한 420자 —6
프롤로그 | 최준영의 인문학 강의 셋 —12

PART 01 소통 그리고 인문학

인문학은 사랑이다 —22
스마트폰 1천만 시대, 우리 삶도 '스마트'해졌을까? —23
비이성적인 사람들의 힘 —24
100만부 팔린 정의란 무엇인가 —25
'국민가수' 조용필 — 26
통계학의 지배 — 27
분명한 글을 써라!—38
'보통'의 존재—39
달인의 감동 코드—40
판도라의 상자 속 — 42
케찰코아틀과 반물질 — 43
김여진과 김제동의 울림—44
힉 로두스, 힉 살투스! —45
'문단' 도처 유상수 — 46
희망의 버스 —47
어떤 스승의 날 —48
삼성과 애플, 왜 다를까? —49
예능 프로그램도 정치권을 닮나? —50
한국 사회의 작동원리 —51
밀양 가덕도, 그리고 경주 —52
보수의 최후 보루는 진보의 분열—53
뺨 때리는 검찰, 돈 뿌리는 검찰총장 — 70
프랙탈—71
번역과 오역—72
이건희, 박근혜의 '한 말씀 정치'—73
서남표, 우리들의 일그러진 영웅—74

최준영의 생각 노트

- 다정아, 네 교복은
  '착한 교복'이란다 —28
- 진정한 '위로'의 의미
  일깨워준 솔로이스트 —31
- 강행군…그러나 즐거운
  인문학 나들이—36
- 엉뚱하고 발랄한 작가,
  파울로 코엘료 —54
- 문득 사는 게 힘든 날,
  전태일을 만나다 —58
- 《소금꽃나무》의 저자
  김진숙을 아시나요? —65

정작 공부해야 할 사람은 당신이다! −75
한국사 필수, 반대 한다 −76
오사마 vs 오바마, '적대적 공범자들' −77
김대중의 '시일야방성대곡' − 83
살인의 추억 & 쿠데타의 추억 −84
시간 파멸과 순환의 상징 −85
바야흐로 전쟁의 시대다 −86
즐거운 책 읽기와 그릇된 독서교육 −87
공무원 인기 상종가의 이면 −89
그래도, 투표는 꼭 해야 한다 −90
대선서 지방공약 말라는 '조선' 사설 −91
불황에도 '명품백'은 불티 −92

최준영의 생각 노트
- 문학 아사餓死의 시대, 젊은 작가의 아사 −78
- 꿈이 있는 사람의 '밥벌이' −80
- '바늘'을 삼켜 문장을 지으리라! −93
- 오랜만의 소설과 해후 −96
- 엉터리 영어도 이쯤 되면 예술? −100

PART 02 관계… 너와 나의 인문학

인문학은 '관계'다 −106
인문학은 '연대'다 −107
워런 버핏의 소박함 혹은 옹졸함 −108
'블레이드 러너'와 방사능비 −109
김진숙 고공 농성 100일째 −110
네슬레, 제스프리의 불공정 거래 −111
인사가 만사, 망사? −112
'오디세이 새벽'이라고? −113
제2의 맨해튼 프로젝트가 필요할 때 −114
정권은 유한해도 '모피아'는 영원하다? −115
TV 맛집은 '트루맛쇼', 박근혜는 '트루멋쇼' −130
칸의 몰락과 컨스퍼러시 −131
사이비와 폴리페서 −132
'중동판 마셜플랜'과 '이−팔 영토분쟁' −134
소크라테스와 프레이리 −135
프로토콜 −136
에로틱 아이러니 −137
촛불 도서관 −138
두리반의 부활 −139
아! 6. 10, 24주년 −140

최준영의 생각 노트
- 책의 날, 새삼 신영복 선생을 기억하다 −116
- 결혼은 미친 짓? −122
- 본말전도 −127
- 젊은 작가, 한국문학이 바라는 희망의 증거 −141
- 강사료 유감 −144
- 강한 여자는 왜 사랑에 약한 걸까? −147
- 복싱과 인생의 다름과 닮음 − 150
- 사람과 사람 사이엔 '끈'이 있다 −154
- 굿바이 게으름 −158

진보는 동사다 —162
홍준욱의 반란? 총선용 정치 쇼! —163
체벌과 복종, 욕설과 폭력을 낳는다 —164
4. 27 재보선 손익계산서 —165
포름알데히드, 고엽제, 그리고 '괴물' —166
이 시대 재테크의 달인들 —167
이것이 인간인가? —168
안철수의 서울대 행과 카이스트 사태 —170
노동자 아버지 '빽'은 안 된다는 건가? —171
박근혜 레토릭의 절정 '닥쳐!' —172

최준영의 생각 노트
- 산사의 위대함과 번역가 이상해의 탁월함 —172
- 신도 버린 사람, 그러나 운명을 개척한 사람 —179
- 시인의 감성으로 미술을 탐하는 최영미의 시선 —184
- 신정아 해프닝, 교양부재의 사회가 낳은 부조리극 —189

PART 03 관용, 더불어 사는 인문학

인문학은 '관용'이다 — 194
어느 노숙인의 인문학 단상 — 195
시대의 군불, 신영복 님 —196
송해와 김미화에 거는 기대 —197
사람이 '사람'인 이유 —198
소장파 혹은 도루묵 —199
'엄마를 부탁해', 한국문학도 부탁해 —227
두 달에 3억5천만 원 버는 사람의 재산 —228
임을 위한 행진곡 —229
실수와 사과 —230
블러드 다이아몬드 —231
김정일도 '상실의 시대'를 읽었을까? —232
사람은 변하는가? —234
루저 문화 —235
하비 밀크의 생애와 '종로의 기적' —242
'캄프 누'와 서울광장 —243
85호 크레인 밑에 앉아 —244
펠레의 저주 vs YS의 저주 —245
'노사모'에서 '박사모'까지, 정치인 팬클럽 —246
임명직은 안 되고, 선출직은 괜찮다? —247
진보의 '진짜' 한계 —248

최준영의 생각 노트
- 열린사회로 가기 위한 똘레랑스 —200
- 나이 마흔에 진평을 만나다 —204
- 나는 어디에 있는가? —210
- 모든 책은 여행기다! —213
- 하워드 진, 21세기 뉴욕으로 마르크스를 불러내다 —216
- 유쾌한 위기철의 똥침 —221
- 불운한 영화 집행자, 불편한 현실 '사형제도' —224
- '돈까스', '함박스텍'이 미국 식당에 없는 이유 —236
- 내겐 너무 달콤한 영화 —240
- 연애소설 읽는 노인 —249
- 어느 책 도둑의 고백 —254
- 좋은 사람 되기! 포기하고 행복하기? —257
- 이름 없는 젊은 혁명가들에게 바치는 장중한 진혼곡 —259

| 프롤로그 |

최준영의 인문학 강의… 셋

1. 왜 인문학인가?

"바야흐로 인문학 바람이 불고 있다."

인문학에 대한 사회적 수요의 급증을 일컫는 말이다. 아이러니 한 건, 인문학 바람에도 불구하고 아직 인문학이 무엇인지에 대한 사회적 인식은 그리 높은 편이 아니다. "왜 인문학인가?"에 대한 해답을 찾아보려는 이유가 그것이다.

19세기 말 비엔나를 중심으로 일었던 세기말 증후군의 여파가 20세기에 지대한 영향을 미쳤다는 건 누구나 아는 사실이다. 마찬가지로 두 차례의 세계대전과 대공황, 양극화, 문명 대충돌 등의 위기를 극복하고 인류 역사상 가장 역동적인 세기로 기록될 만한 양적 성장을 이루었던 20세기 역시 필연적으로 세기말 증후군을 대동했다.

역동의 세기, 20세기의 세기말 증후군은 대체 어떤 모습이었을까? 해석이 분분하지만 한 가지 뚜렷한 현상으로 대두되는 것이 있다. 20세기를 지배했던 사회과학에 대한 회의와 성찰의 결과로서 인문학의 가치에 대한 새로운 발견이 이루어지고 있다는 점이다.

＊＊

현재의 인문학 쏠림 현상은 20세기에 대한 성찰의 결과로 봐야 한다. 양적인 면에서 괄목할 만한 성장을 이룬 20세기는 그러나 시대의 주체인 인간의 삶이라는 관점, 즉 질적인 면에서 살펴보면 '허접'스럽고 초라하기 그지없다. 물질적 풍요는 이루었으나 행복으로의 초대는 여전히 유보된 상태이다. 오히려 정신적인 빈곤과 사회경제적 양극화라는 심대한 문제를 야기하고 있기 때문이다.

특히 80:20의 이론으로 정리된 사회경제적 양극화는 당면한 그 어떤 문제보다 심각한 수준에 이르렀다. 그 양극화의 산물이자 원인은 바로 인류가 자본주의 경제체제로 급속하게 이동한 탓이다. 승자독식과 우승열패, 패자부활전을 허용치 않는 경쟁 만능의 비인간화로 볼 수 있다. 아울러 후기자본주의에 대한 근본적인 회의와 의심 역시 인문학에 대한 새로운 모색의 원인으로 보인다.

주목해야 할 논의가 한 가지 더 있다. 신영복 교수의 저서 《강의, 나의 동양고전독법》의 서문에 제시된 '존재론에서 관계론으로'의 패러다임 전환론이다.

신영복 교수는 서구의 근대사상인 존재론과 대비되는 동양 고전의 관계론에 주목하는 것이야말로 현실의 준거를 찾는 일이며, 미래의 대안을 모색하는 일이라고 했다.

그렇다. 21세기 벽두부터 우리는 다소 난감한 표정으로(?) 그동안 대학 강단에서 유폐되다시피 했던 인문학이라는 낯설고도 난해한 학문을 현실의 장으로 끌어들였다.

그럼에도 여전히 '왜 인문학인가?'라는 의문은 풀리지 않는다. 그것이 정답이다. 인문학은 본디 질문하는 학문이기 때문이다. '왜 인문학인가?'라는 질문은 앞으로도 계속될 것이다.

2. '사랑'에 대하여…

"인간의 한 평생은 거대하고 영원한 사랑의 과정이다." _ 줄리아 크리스테바 《사랑의 역사》

삶은 곧 사랑의 연속이며, 사랑은 또한 선택의 연속이다. 사랑이란 세상에 존재하는 무수한 사람 중에서 어떤 한 사람을 특별하고 소중한 존재로 인식하게 되는 과정, 즉 '대상 선택'에서 출발한다고 한다.

대상 선택에는 '의존적 대상 선택'과 '자기애적 대상 선택'으로 구분된다.

앞을 못 보는 남편과 걷지 못하는 아내가 서로 의존하면서 살아가는 모습은 의존적 대상 선택의 좋은 예라고 할 수 있다. 여성들의 신데렐라 콤플렉스 또한 의존적 대상 선택의 대표적인 경우라고 할 수 있다.

자기애적 대상 선택은 전혀 다른 양상을 보여준다. 대상으로부터 무엇인가를 얻기보다 자기 이미지와 닮은 사람에게 사랑을 느끼는 것이다. 사랑과 이기심을 혼동하기도 한다. 타인을 사랑할 때, 그 대상을 사랑하는 게 아니라 그 대상에 비친 자기 이미지를 사랑하기 때문이다. 자기애가 불행한 이유는 상대방에 대한 이해나 공감, 배려가 없다는 점이다.

* * *

누구나 '사랑을 선택하는 기준'을 가지고 있다. 그러나 대상의 속성에서 비롯된 사랑은 진실한 사랑이 아닐는지 모른다. 플라톤의 플라토닉 러브Platonic Love의 의미를 떠올려야 하는 이유다.

"아름다움이란 여인의 얼굴이나 신체와 같은 감각적 대상에서 나오는 게 아니다. 그것은 단지 매개체일 뿐이며, 아름다움은 오직 우리가 감각적 대상을 통해 상기하게 되는 지고한 신적 형상의 아름다움, 곧 '이데아의 미'에서 나온다. 〈…〉 그것이 이른바 영혼의 상승을 이끄는 '에로스Eros 의 날개'이다." _ 김용규《서양문명을 읽는 코드, 신》재인용.

프로이트가 연구한 '신경증 환자의 특별한 기준'도 흥미롭다. 방해하는 제삼자(오이디푸스 콤플렉스), 최상의 가치(자기애적 선택 기준이 더 강화된 것), 창녀에 대한 사랑(자기존중감이 약한 자의 사랑법), 연인을 구하려는 태도(상대를 지배하려는 이타주의적 방어기제)가 그것들이다.

'사랑은 자신이 있다'고 자부하는 남자들이 있다. 이른바 '선수'다. 그러나 그가 생각하는 사랑은 자기연민에 다름 아니다. 일종의 도피이며, 자기방어에 불과한 것이다. 그들은 아마도 방어의식, 즉 현실에서 직면해야 하는 불안, 분노, 외로움, 긴장감 등을 해소하기 위해 끊임없이 새로운 대상을 찾아 헤매고 있는 자기부정의 과정인 것이다.

누구나 사랑을 꿈꾼다. 그러나 자신을 내던지는 사랑을 꿈꾸기보다 안온하게 다가오는 환상을 꿈꾸기 쉽다. 그래서다. 셰익스피어의 《로미오와 줄리엣》 중 줄리엣의 애절함을 기억할 필요가 있다.

"나의 원수인 것은 다만 당신의 이름뿐. 아, 다른 이름이 되어 주세요. 하지만 이름에 무엇이 있다는 건가요? 다른 이름으로 불러도 장미는 여전히 향기로운걸. 로미오는 로미오로 불리지 않아도 그가 지닌 고결함은 그대로인걸. 오, 로미오. 그대의 이름을 버리고 대신 내 모든 것을 가져가세요."

3. 과학과 종교에 대하여...

한동안 종교를 불편하게 여겨왔다. 그러나 용산참사 현장에서 거행된 거리 미사를 보면서 차츰 생각이 달라졌다.

"보잘것없는 천박한 지식은 인간의 정신을 무신론으로 기울게 하지만 지식을 쌓아가다 보면 정신은 다시 종교로 되돌아온다."_ 프란시스 베이컨《학문의 진보》재인용

《종교적 믿음에 대한 몇 가지 철학적 반성》에 나오는 문장이다. 이 문장을 보는 순간 섬뜩한 충격을 받았다. 무려 400여 년 전에 출간된 책이 나를 향해 이토록 무섭고도 적나라하게 충고할 수 있다니…. 저자 이태하는 책에서 우선 종교와 철학의 관계를 명료하게 정리한다.

"종교란 철학에 의해 부정되고 계몽되어야 할 대상이 아니다. 종교란 하나의 현실이며, 현실을 부정하는 철학은 말장난에 불과한 지적 유희로 흐를 수밖에 없다. 종교가 구체적인 삶의 양식이라면 철학은 삶의 양식이 지니는 의미와 가치를 밝히는 반성적이며 비판적인 작업이 되어야 한다. 철학은 이러한 반성적이며 비판적 활동을 통해 종교의 정체성을 밝힘으로써 종교를 더 종교답게 하는 데 이바지할 수 있다."

저자는 또 종교와 철학의 관계를 이렇게 설명한다.

"과학과 종교가 경쟁적인 관계에 있지 않고 서로 구별되는 영역에서 기능한다면 동일한 대상에 관한 상이한 설명 체계라는 점에서 그들의 관계는 보완적 supplementarity이라기보다 상보적 complementarity인 것이라고 할 수

있다. 과학은 경험적인 현상들을 정확하고 엄밀하게 설명함으로써 사건들의 원인을 추적하지만, 신학은 사건들의 의미를 해석하는 데 초점을 맞춘다."

과학자이자 종교인인 김용준의 연구 노트 《과학과 종교 사이에서》는 보다 구체적이며 깊이 있게 상보성을 들여다보고 있다. 먼저 '인간이란 무엇인가'라는 근본적인 질문에서 출발해 인문과학과 자연과학을 총체적으로 아우른 뒤 다시 신의 문제로 되돌아온다.

***

특히 저자는 근대 이후의 과학과 철학에서 공통적으로 부닥친 한계와 딜레마를 넘어선 학문적 대안으로 인식되고 있는 해석학에 깊은 관심을 보인다. 그것은 곧 과학과 종교의 지평융합에 대한 저자의 신념을 반영한 것이기도 하다.

물론 종교와 과학 혹은 인문과학과 자연과학의 지평융합의 출발은 과학계의 새로운 철학적 인식, 즉 지식 통합의 시도에서 비롯된 것이다. 그러한 시도를 주창한 과학자들은 토머스 쿤을 위시한 스티브 툴민 Stephen Toulmin, 리처드 로티 Richard Rorty, 메리 헤세 Mary Hesse, 리처드 번스타인 Richard Bernstein 등이 있다. 이후 사회생물학자인 에드워드 윌슨이 그에 가세한다.

김호경의 《종교, 과학에 말을 걸다》는 비교적 쉽게 읽힌다.

"쿤은 과학적 진리가 절대적이었던 시절은 없다고 단언한다. 다만 한 시대에 일군의 사람들이 공유한 공통된 소신이 그 시대의 진리 역할을 자임했을 뿐이라고 주장한다. 여기서 일군의 사람들에 의해 수용된 모형 또는 유형을 패러다임이라고 한다. 〈…〉 과학이란 하나의 패러다임에 근거한 연구를 의미한다. 이러한 맥락에서 볼 때 과학의 유용성은 불변하는 진리성이 아니라 각 시대에 대해 가졌던 역사적 의미에서 찾을 수 있다. 과학은 각 시대가 세계를 이해한 방법의 단면들을 보여주는 거울인 셈이다."

쿤의 작은 혁명, 즉 과학에 대한 기존의 인식을 전복한 과학철학에, 해석학적 사유를 접목시킨 이가 해석학의 거두 한스-게오르크 가다머 Hans-Georg Gadamer 다.

가다머가 《진리와 방법》에서 강조하는 것은 "전통적인 역사적 사유에도 분명히 진리의 영역이 있지만 예술 분야에도 자연과학 못지않은 지식의 영역이 있다"는 것이다.

김용준은 마침내 결론 내린다. 과학이 절대성의 갑옷을 스스로 벗어던졌던 것처럼, 신 역시 스스로 우리 안에 깃들어 세상사의 모든 일을 함께 도모하며 자연과 인간사의 주체로 자리하고 있다고….

신은 모든 피조물과 더불어 그들의 불확실한 미래를 향한 개방성에 동참한다. 이와 같은 해석은 우주적인 위계질서를 파괴하는 것이 아니다. 인간성의 유일한 역사를 포함한 모든 시대에 특수한 의미를 가져오는 새로운 존재에 대한 개방성이 바로 이러한 해석을 가능하게 할 것이다.

PART
01

소통 그리고 인문학

사람에게 사람이 없다는 건 심각한 문제다.
사람은 사람과 더불어 살아야 한다.
인문학은 사랑이다.
사랑의 의미를 되새기는 것이
바로 인간에 대한 참된 이해이다.

인문학은 사랑이다

노숙인은 집도 돈도 없는 사람이지만 그보다 더 중요한 건 사람이 없는 사람이다. 극단적인 상황에 내몰려도 도움을 청할 데가 없는 사람, 그게 바로 노숙인들의 현실이다.

사람에게 사람이 없다는 건 심각한 문제다. 사람은 사람과 더불어 살아야 하고, 그게 곧 사람이기 때문이다. 인간人間은 '사람 사이'라는 뜻이다. 사람이 없다는 건 무슨 뜻일까? 사랑이 없다는 얘기다. 사형수들을 인터뷰했던 공지영은 "평생 인간의 온기를 느껴보지 못한 사람이 살인을 하게 된다"는 사실을 알게 됐다고 한다. 인문학 강좌에 참여한 뒤 16년 만에 처음으로 아내에게 사랑을 고백했다는 사람도 있다.

인문학은 사랑이다. 사랑의 의미를 되새기는 것이 바로 인간에 대한 참된 이해이다.

친구들의 댓글 교감
나ㅇㅇ_ㅠㅠ 전 아직 사랑이 없으니 인문학을 이해하기 어렵고, 인간이 되기 전이네요. ^^; ㅋㅋ 남을 바라보는 따뜻한 시선을 갖게 해주는 인문학, 열심히 공부해야 되겠어요. ㅎ

스마트폰 1천만 시대, 우리 삶도 '스마트'해졌을까?

워낙 슬로우 어댑터인 나도 작년 말 갤럭시 탭을 구입했다. 국내 스마트폰 가입자가 1천만 명을 넘어섰다고 한다. 어느새 스마트폰 대중화 시대다.

스마트폰은 휴대폰과 컴퓨터 기능이 가장 효율적으로 결합된 상품이다. 스마트폰의 대중화는 곧 트위터, 페이스북 등의 소셜네트워크(SNS) 활성화에 직접 영향을 끼쳤다.

스마트폰과 더불어 우리의 삶도 '스마트'해졌는지 의문이다. TV가 그랬듯이 스마트폰 역시 소통을 위한 수단이지만 현실은 외려 역기능을 우려한다. 스마트폰 시대의 소통은 진정한 소통이 아니라는 지적이다. 문명의 이기는 문명을 살찌우기도 하지만 더러 문명을 좀먹기도 한다.

친구들의 댓글 교감

공○○ _ 기계가 스마트해질수록 사람은 unsmart해지는 듯.
Ahn○○ _ 인터넷을 포함한 스마트폰, 아이패드 때문에 24시간 풀가동 체제. 편리해진 건 맞지만 점점 휴식이 없어지는 워커홀릭 시대. ㅠㅠ
Kim○○ _ '스마트'폰이 소통을 스마트하게 해주거나 삶을 스마트하게 해주진 않죠. '스마트'폰은 소통과 삶의 '방법'과 '옵션'을 늘려주는 전자기계입니다.

비이성적인 사람들의 힘

"성공을 전혀 기대할 수 없는 분야에서도 우리 인간이 끊임없이 노력했다는 사실이 우리에게 감동을 주고 용기를 북돋워주지 않는가!"

내 생각을 맞춤하게 표현한 문장을 발견하면 기분이 좋아진다. 알베르토 망구엘이 《밤의 도서관》에서 인용한 로버트 루이스 스티븐슨의 말이 그러하다.

최근 인문학이 주목받는 것은 묵묵하게 인문학적 실천에 매진한 사람들 덕분이다. 찰스 다윈이 갈라파고스 탐험을 위해 '비글호'에 올랐을 때 그의 성공을 예감한 사람은 없었고, 콜럼버스, 에드먼드 힐러리경의 신대륙 발견, 에베레스트 등정 역시 마찬가지였다.

극작가 버나드 쇼는 "모든 진보는 비이성적인 사람들의 손에 달려 있다. 이성적인 사람은 세상에 자신을 맞추지만 비이성적인 사람은 자신에게 세상을 맞추기 때문이다"고 말한다.

친구들의 댓글 교감

- 김○○_ "모든 진보는 비이성적인 사람들의 힘에 달려 있다" 참 좋은 말씀이다. 나는 언제 버나드 쇼 같은 명문 한 말씀 날리려나?
- Ahn○○_ "비이성적인 사람은 자신에게 세상을 맞춘다" 맘에 들어요!^^

100만 부 팔린, 정의란 무엇인가

《정의란 무엇인가》가 밀리언셀러의 반열에 올랐다. 열악한 국내 출판계에서 '100만 부'가 갖는 의미는 남다르다. 시대별로도 드문 현상이며, 특히 몇 년 사이 신경숙의 《엄마를 부탁해》 외에 100만 부 기록을 가진 책이 전무한 현실이다.

이유가 뭘까? 정의와 동떨어진 부정의한 현실의 반영, 시대 담론을 잃고 방향을 잡지 못하던 차에 돌파구가 됐던 것이다. 요사이 인문학에 대한 사회적 관심이 증가한 것도 마찬가지다.

비판도 있다. 특히 박홍규 교수는 "샌델의 '정의론'은 아리스토텔레스의 철학을 기반으로 하는데 기본적으로 아리스토텔레스의 철학은 오늘날의 자유에 기반한 정의 개념과는 거리가 멀다"고 논박한다.

아무튼 우리 독서계가 연거푸 두 권의 밀리언셀러를 탄생시킨 건 반갑다.

친구들의 댓글 교감

Lim○○_ 전에 말씀하신 대로 책 제목이 갖는 구매욕이 대단하죠. 하지만 막상 끝까지 읽는 사람은 드물더군요. 샌델 교수는 무엇이 정의인가를 이야기하진 않지만, 졸업 후 사회적 영향력을 갖게 될 하버드대 생에게 무엇이 정의가 아니며, 사회현상에 어떻게 접근하길 바라는 당부는 있죠.

'국민가수' 조용필

언제부턴가 국민가수란 말이 등장했다. 원조는 조용필이다. 타의 추종을 불허했던 그의 인기와 노래 실력에 맞춤한 수식어는 어쩌면 그것밖에 없었을지 모른다.

조용필이 한센인과의 약속을 지키기 위해 1년 만에 소록도를 찾아 열창했다. 객석은 고작 300여 명. 그의 열창은 수십, 수백만 명에게 감동을 주고도 남을 만했다.

외모나 능력, 인기만으론 턱도 없다. 묵묵히 자기 길을 걷는 사람, 한결같은 성실함과 친숙함, 무엇보다 남을 배려하는 너른 마음. 그런 사람이라야 '국민'이라는 수식에 값할 수 있다.

국민가수 조용필, 국민배우 안성기는 인기와 호불호好不好를 초월한 존경과 감사의 표상이다. '국민'의 자랑이다. 그런 마음으로 현실 정치를 바라보는 건 연목구어緣木求魚일까?

친구들의 댓글 교감

정○○ _ 쇠귀에 경 읽기. 묵묵히 자기 길만 가는 정치인들 이 땅에 너무 많죠.

유○○ _ 저도 조용필 공연을 신문에서 보고 감동받았어요. 한 분 한 분 모두 안아주시고, 조용필은 역시 대단한 가수죠.

통계학의 지배

인간 참 웃긴다. 자기가 만든 함정에 자기가 빠진다. 전기를 발명해 놓고 전기의 지배를 받는다. 컴퓨터를 만들어 놓고 컴퓨터의 지배를 받는다. 시간을 발견한 뒤 시간의 지배를 받는다.

20세기는 통계학의 시대다. 통계학의 지배는 진행형이다. 야구의 인기는 통계의 묘미에서 비롯됐다. 축구, 농구 등 모든 스포츠가 통계의 맛에 빠져든다. 정치와 경제 역시 통계학의 자장磁場을 벗어나지 못한다.

통계학의 사회학적 응용이 여론조사이다. 수단인 여론조사가 어느새 정치를 지배한다. 본말전도다. 4.27 재보선에선 여론조사의 신뢰도가 바닥으로 추락했다. 그래도 맹신의 관성을 벗지 못한 사람들이 부지기수다.

인간 참 웃긴다. 신을 만들어놓고 신의 지배를 받는다. 돈을 만들어 놓고 돈의 지배를 받는다.

친구들의 댓글 교감

권○○ _ "술을 만들고 술의 지배도 받는다"도 있습니다.
Hyun○○ _ 그러고 보니 우리가 편리하게 살려고 만들어 놓고 그것에 지배를 받는 게 참 많네요. ㅠㅠ
나○○ _ 함정이란 표현 적합하네요, 아인슈타인이 그랬다죠. "인간은 알면 알수록 모르는 것이 많아진다"고. 그래서 '인문학으로 조화와 소통을 꾀하며 나아가자'는 것이 최 교수님의 뜻? 지레짐작해 봅니다. ㅎ ^^;

다정아, 네 교복은 '착한 교복'이란다

중학교 1학년 다정이의 교복 사랑은 유별나다. 벌써부터 교복이 예쁜 용인외고에 진학하겠다는 목표를 세웠을 정도이다. 아침마다 교복을 입고 거울 앞에 서는 횟수가 느는가 싶더니 뜻밖의 말이 흘러나왔다.

"동복은 몰라서 어쩔 수 없었지만 하복은 공동구매 말고 브랜드 있는 교복으로 사줘!?"

제 딴에는 브랜드 교복을 입은 친구들이 부러웠던 모양이다.

단순한 개념 없음에 기가 찼지만 무작정 나무랄 수만도 없는 일. 아이들 사이에서 '공동구매 교복은 싸구려, 브랜드 교복은 고급'이라고 여겨지고 있었나 보다.

가격만 놓고 보면 그럴 수도 있다. 그러나 공동구매엔 가격으로 환산할 수 없는 다양하고 값진 의미가 내포되어 있다. 딸아이에게 '교복 공동구매의 의미'를 어떻게 알려주는 것이 좋을지 고민이 됐다.

공동구매라는 말이 나온 건 2~3년 전부터다. 중고생이면 누구나 구입해야 하는 교복의 가격이 업체들의 담합으로 도를 넘어선 게 발단이었다. 가격담합은 기본. 구매력 높은 광고모델을 활용해 선정적인 광고를 한 뒤 해마다 가격을 올리는 '짓'을 반복했다. 결과적으로 교복을 비싼 고가 의류로 만들어 버렸다.

소비자인 학부모들로선 속수무책이다. 교복을 입고 안 입고는 선택사항이 아니기 때문이다. 울며 겨자 먹기로 해마다 껑충껑충 뛰는 교복값을 감내해야 했던 학부모들이 대책을 모색하게 된 건 당연한 일.

결국 시민사회와 학부모들이 머리를 맞댄 끝에 내놓은 대안이 공동구매였다. 원단의 원가를 계산하고, 거기에 수공비와 유통마진을 붙여 특정 업체에 공동으로 주문을 넣어 저렴한 가격에 믿을 만한 교복을 공급받게 된 것이다.

공동구매를 통해 기존 교복 절반 가격에 구입할 수 있었다. 그래서 교복 공동구매야 말로 소비자(학부모)와 시민사회가 거둔 작은 승리이며, 소비자 권리 찾기가 제대로 실현된 몇 안 되는 성공 사례로 여겨지고 있다.

그것만으로도 공동구매의 의미는 결코 작다고 할 수 없다. 아니, 공동구매의 의미는 그 이상이다.

어느새 교실 안까지 들어온 빈부의 격차. 그로 인해 가난한 아이들의 상대적 박탈감과 위화감이 위험수위를 넘어선 것이 현실이다. 시민사회가 주목한 건 바로 그 점이었고, 교복 공동구매의 의미와 목표 또한 거기에 초점을 맞추었음은 당연하다.

한창 공부하는 아이들의 먹거리는 정부의 개입에도 불구하고 십수 년이 걸린 끝에 이제 와서 무상급식으로의 전환을 모색하고 있는 반면, 입는 문제는 정부의 역할이 전무한 상태에서 학부모와 시민사회의 공동 노력으로 불과 몇 년 만에 성과를 거두고 있는 것이다.

교복의 공동구매는 교복값 담합을 방지하고 질 좋고 값싼 교복을 공급하는 의미와 함께 교실 내 위화감 완화까지 하는 그야말로 착한 소비에 의한 착한 교복을 창출해낸 셈이다.

"다정아, 네가 입고 있는 교복은 단순히 값싼 교복이 아니라 착한 교복이란다. 자부심을 가지렴…."

그나저나, 이게 중학교 1학년 아이에게 먹힐 만한 강의일까? 그냥… "엄마 아빠는 가난하니까 좀 봐달라"고 고백하는 게 더 나을 것 같기도 하다.

 친구들의 댓글 교감
안○○ _ 아주 의미 있는 이유라면 모르는 척 들어주는 것도. 수선할 일이 많으니까 무료 수선해 주는 브랜드 강추.

진정한 '위로'의 의미를 일깨워준 솔로이스트

　영화 〈솔로이스트〉를 '혼자' 봤다. 매표소 직원이 어떤 영화를 보겠느냐기에 "솔로이스트", "두 장 드릴까요?" 묻기에 "솔로"라고 대답하고 극장 안으로 들어섰다.
　영화를 보는 동안, 물론 보고 나서도 너무 많은 생각이 한꺼번에 몰려들었다. 잠시 진정시킬 필요가 있었다. 귀갓길에 일부러 맥주 두어 잔을 마셨다. 생각을 좀 덜어낼 필요가 있어서였다. 리뷰는 좀 더 묵혔다가 나중에 쓰겠노라고 다짐했다.
　집에 들어와 인터넷을 검색해보니 〈솔로이스트〉의 리뷰가 보였다. 내 느낌과 많이 다른 리뷰였다. 실화와 원작의 감동을 살리지 못했다거나, 주인공 간의 교감의 과정을 제대로 표현하지 못했다고 했다. 그 리뷰를 읽다가 마음이 다급해졌다. 서둘러 리뷰를 쓰기 시작했다.

무엇보다 내 영화였다, 나를 위한 영화였다, 이미 상처받을 대로 받고, 찢어질 대로 찢겨 만신창이가 된 내 마음을 치유해주기 위해 만들어진 영화였다. 어쨌거나 착각은 자유.

서울역 노숙인들과 나의 만남, LA 홈리스와 스티브 로페즈의 만남이 그랬다. 서로 어울리지 않을 것 같은 만남. 노숙인과 인문학의 만남, 노숙인과 첼로—혹은 바이올린—와의 만남, 노숙인과 신문기자와의 만남.

사람들은 일단 그 어색한 만남에 주목했다. 결국 모든 관심이 그쪽으로 흘러가게 돼있다. 영화를 보든, 책을 읽든 일단 초점은 둘의 관계가 어떻게 될 것인가, 둘은 결국 헤어지게 될까, 만남을 지속할까에만 쏠렸다.

좋다. 저자든 감독이든 그렇게, 그쪽으로 독자와 관객의 흥미와 관심을 유발하려는 의도를 가졌다는 건 인정하고 시인하자. 그러나 정작 영화가 하고 싶은 말은 따로 있었다. 영화의 진정한 가치가 묻어나는 것은 외로운 영혼이 다른 외로운 영혼을 만나 함께 춤을 추는 것이다. 춤추는데 결론 따위가 있을 리 없다. 출 때까지 추다가 지쳐서 제자리로 돌아가면 그만이다. 한 인간이 또 다른 인간을 만나 아프게 자신의 진실과 마주하게 되는 것이다.

***

　5년 전, 인문학을 들고 노숙인 쉼터를 찾았다. 어색하고 낯설기는 노숙자나 인문학이나 마찬가지였다. 상아탑 안에서 몇 백 년 동안 안정적 지위와 권위를 누리던 인문학이 불쑥 거리로 나온 것이나, 배곯고 잠잘 곳 없던 노숙인의 손에 어쩌다 걸려든 게 하필이면 '갈아서 무기로 쓸 수도, 먹어서 허기를 면할 수도 없는' 인문학이었을 때 그건 굉장히 불편하고 황당한 일이었을 것이다.
　〈LA타임스〉기자 스티브 로페즈(로버트 다우니 주니어 분)는 바이올린 소리에 이끌려 나다니엘(제이미 폭스 분)와 조우한다. 그러나 정작 그의 관심을 잡아끈 건 나다니엘의 입에서 흘러나온 '줄리어드 음대'라는 이질적인 어휘였다. 앞쪽 뇌의 지각이 아니라 뒤쪽 뇌의 감각세포들이 먼저 반응했을 것이다. 도저히 섞일 수 없을 것 같은 '줄리어드 음대 & 노숙자'라는 조합이 베테랑 기자의 뒷골을 타고 내려와 감각의 촉수들을 간질였다.
　예상한 대로 스티브의 글은 일파만파 반응을 불러 일으켰다. 스티브로선 제대로 한 건 건진 것이다. 이후로도 만남은 계속됐다. 쓰기 위해 만나고, 쓰기 위해 지속적으로 관심을 표할 뿐이었다.
　그러나 독지가가 보내준 첼로가 나다니엘의 손에 들린 순간 그의 천재성이 발휘되기 시작한다. 경건하고도 엄숙한 표정으로 악기를 어루만진 뒤 이내 연주에 몰입하는 나다니엘. 그가 연주하는 첼로의 저음이 스티브의 가슴 저 밑바닥으로 가라앉으면서부터 스티브는 나다니엘의 포로가 되어버렸는지 모를 일이다.

나 역시 그랬다. 우여곡절 끝에 성프란시스대학의 인문학 과정을 마치고 졸업식장에 앉아서 진심으로 감사의 손길을 내미는 노숙인분들의 눈빛을 봤을 때―지금 생각해 보면 차라리 그때 그 눈빛들을 보지 말았어야 한다―어느 정도 짐작하지 않은 것은 아니었다.

'아, 나는 결국 이 분들을 떠나지 못하겠구나.'

이제 스티브의 관심은 나다니엘의 천재성을 회복시켜주는 것으로 쏠린다. 그 가슴 벅찬 휴먼드라마의 주인공이 됨으로써 칼럼의 영향력은 물론 기자로서의 명성, 당대 지식인의 참모습 내지 지사적 면모까지 유감없이 발휘하는 일이 되는 것이다.

하지만 나다니엘에게 중요한 것은 그 어떤 조건이나 어떤 변화가 아니다. 그저 음악만 할 수 있다면 그것으로 그만이다. 소음으로 꽉 찬 고가차도 밑에서든, 장애인 수용시설 램프의 마당에서든, 두 줄 밖에 없는 바이올린으로든, 새롭게 등장한 신과 같은 존재가 선물한 그럴싸한 첼로로 연주하든….

스티브의 욕망과 나다니엘의 무욕이 격렬하게 부딪치며 영화는 종내 파국으로 치닫기 시작한다. 하지만 언제나 해결의 실마리는 있다. 마침 스티브가 한 번쯤 자신의 삶을 진지하게 되돌아볼 기회를 갖게 되었고, 그건 비단 스티브 개인만의 행운이 아니었다.

스티브가 돌아본 자신은 너무나 초라했다. 오히려 나다니엘의 음악에 대한 열정과 몰입과 진정한 사랑이 부러웠다. 전처에게 하는 고백은 그래서 아프지만 진실이다. "난 한 번도 그런 사랑을 해본 적이 없어. 나다니엘은 나보다 더 위대해."

외로운 자아를 가진 자신을 발견한 스티브는 이제 섣불리 누굴 구제하려 들지 않는다. 그 대신 차분하게 바라보며 곁에 있어 주고, 함께 그의 음악의 세계로 들어섰다. 둘만이 거대한 홀을 독차지하고 감상했던 리허설 연주가 본 무대에 올랐을 때, 스티브와 나다니엘은 이미 하나였다.

하나가 하나를 만나 다시 또 다른 하나가 됐다. 외로움이 외로움을 만나 서로의 외로움을 어루만졌다. 그렇게 베토벤인 것도 같고, 아닌 것도 같은 웅장한 음악은 화면을 휘젓고 천사의 도시 LA의 하늘 위를 유영했다. 수많은 외로운 영혼들의 가슴 깊은 곳으로 스며들었다.

"진정한 위로는 우산을 들어주는 것이 아니라 함께 비를 맞는 것"이라는 신영복 선생님의 말씀이 마음속의 자막으로 읽혔다.

강행군… 그러나 즐거운 인문학 나들이

요즘 시쳇말로 강행군을 거듭하고 있다. 아침에는 여느 직장인과 다름없이 정시에 출근해 업무를 본다. 한 시간여 동안 이런저런 보고서와 관련된 글들을 주무르다 보면 어느새 10시. 대강당으로 달려가서 민방위 대원들을 상대로 인문학 강의를 한다.

다시 자리로 돌아오면 결재가 밀려 있다. 보도자료 작성, 이런저런 인터뷰 준비를 하다 보면 점심시간. 오후가 되면 다시 오후반 민방위 대원들을 위한 인문학 강의를 시작한다.

화요일과 수요일의 일과를 마칠 시간이 다가오면 수원으로 혹은 부천으로 내달린다. 도서관 인문학 강의를 위해서다. 이달에는 수원선경도서관과 부천꿈빛도서관에서 강의를 하지만 내달엔 안성시립도서관과 화성여성비전센터, 그리고 인천계양사회복지관을 돌며 특강을 하게 될 것이다.

가장 크게 기대되는 건 100주년 기념 교회에서 진행하는 '양화진문화원 목요특강'이다. 강의 장면을 동영상으로 찍어 29개국 한인교회에 보낸다고 한다. 은근 기대, 살짝 긴장이 겹친다.

알찬 강의를 위해선 체력을 유지하는 게 중요하다. 또한 살아 있는 강의를 위해서는 최근에 나온 책들도 꼼꼼히 읽어두어야 한다. 오래된 책만 인용해서는 수강하는 분들의 기대를 충족하기 힘들다. 무엇보다 중요한 건 역시 강의 주제에 대한 체계적이고 깊이 있는 성찰이다. 자칫 수박 겉핥기가 되어서는 안 되기 때문이다.

몸이 열 개라도 모자란다는 말이 있다. 지금의 나를 두고 하는 말인 것 같다. 24시간을 48시간처럼 살고 있다고 해도 과언이 아니다. 이 얼마나 행복한 비명인가. 일하는 즐거움, 나를 찾아주는 사람이 있다는 걸 확인하는 즐거움, 내 강의로 인해 삶이 윤택해 지는 분이 계실 거라는 기대가 주는 뿌듯함….

덕분에 병이 하나 생겼다. 닭병이다. 차만 타면 바로 토막잠이 들어버리는 거다. 그렇게라도 하지 않으면 체력을 유지할 수 없다. 매일 밤 술을 마시는 것도 병이라면 병이다.

 친구들의 댓글 교감
　　Ji○○ _ 아! 이 글을 읽으면서 샘과의 병개 약속은 잊어도 괜찮겠다 싶습다. ^^* 외려 고마워하시겠구만요! 근데, 어케 이렇게 하지요? 감탄 이상이네요!!

분명한 글을 써라!

이혼의 상처를 치유하기 위해 교회(성당)를 찾은 아테나는 신부님으로부터 충격적인 이야기를 듣는다. 교회법에 이혼한 사람은 교회에 들이지 말라는 내용이 있다는 것이다.
서운해 하는 아테나를 달래기 위해 신부님이 건넨 위로가 압권이다.

"이 놈의 교회법이 얼마나 엉망인지, 예수님께서도 교회에 발을 들이지 못하고 계신단다."

파울로 코엘료의 《포르토벨로의 마녀》 중 기억나는 구절이다. 신부님의 지혜가 놀랍고, 그토록 귀한 말씀을 잡아채 소설로 녹여낸 코엘료의 '연'글'술'을 경탄하지 않을 수 없다. 그리고 보니 촌철살인이 하나 더 있다. 글쓰기와 관련한 카뮈의 말이다.

"분명하게 글을 쓰는 사람에게는 독자가 모이지만, 모호하게 글을 쓰는 사람에게는 비평가만 몰려들 뿐이다."

친구들의 댓글 교감

맹○○ _ 저는 저런 신부님들이 많았으면 해요. 교회법뿐 아니라 성서도 오류와 잘못이 많다는 것을 인정하는 신부님과 교회. 그래야 세상이 진정으로 변할 거라고 봅니다.

'보통'의 존재

보통 사람 노태우는 '악몽'이었고, 알랭 드 보통은 '축복'이다. 왜 사랑하는가를 묻고, 베르테르를 호출하고, 건축 미학과 여행의 기술을 전수하고는 다시 우리는 사랑일까, 되묻는 게 재미있다.

버릇이 발동했다. 다년간 '키워드로 읽는 책'을 연재하면서 생긴 버릇이다. 출판 키워드 사냥에 나서는 것이다.

저마다 특별함을 추구하는 세태에서 키워드 '보통'은 반갑다. 《보통의 존재》가 단초이다. 발랄한 상상력 백영옥은 《아주 보통의 연애》, 에쿠니 가오리는 《소란한 보통날》을 선보인다. 버지니아 울프의 첫 비평집 《보통의 독자》 출간도 반갑다.

중산층, 서민, 부자, 워킹 푸어 등 경제 용어가 판치는 세상에서 보통의 사랑, 보통의 존재에 관심을 놓지 않는 문학이 새삼 고맙다.

친구들의 댓글 교감
김○○ _ 평범한 삶을 지키기 위해 절박한 안간힘이 필요해지기 때문이 아닐까요?
우○○ _ 사실 보통을 옹호하는 많은 사람도, 특히 외치는 사람들은 사실 보통엔 관심이 없고 보통 이상의 어떤 계층 지점에 비릿한 자신의 욕망을 감추고 있는 것을 자주 목격합니다.

달인 감동 코드

〈생활의 달인〉을 즐겨 본다. 프로그램을 보며 눈물을 흘린 적도 있다. 엄청난 기술이나 예술이어서가 아니다. 리본의 달인, 사다리 타기의 달인 등에 콧등이 시큰거렸다. 치열하고도 진지한 삶의 자세가 곧 감동코드인 셈이다.

〈생활의 달인〉이 질척한 현실을 날것으로 버텨온 억척스런 사람들의 얘기라면, 〈개그콘서트〉의 김병만이 보여주는 달인은 땀과 노력, 타고난 끼의 산물이다.

달인 김병만이 피겨퀸 김연아를 울리고 말았다. 〈김연아의 키스 앤 크라이〉에 출연한 그가 부상 투혼을 발휘한 뒤 평가를 기다리는 동안 무릎을 꿇고 눈물을 흘리는 모습에 복받쳤던 것이다.

어느덧 달인은 웃음코드를 넘어 감동코드로 발전했다. 물론 웃음도 놓치지 않으면서다. 기본에 충실하다는 이야기고, 진정한 블랙코미디라는 말이다.

친구들의 댓글 교감

Kim○○ _ 예전엔 챙겨 봤는데 요즘엔 의식적으로 안 보고 싶어져요. 저리도 한 우물을 파며 성실히 사는데도 여전히 고단한 삶. 부정하고픈 마음???

Kan○○ _ 아, 학습이라고 하니 생각이 나는 건데, 혹시 저처럼 활동가들을 위한 인문학 커리큘럼을 제안해 주실만한 건 없지요? ㅋ

판도라의 상자 속

토머스 불핀치는 "희망은 여태 상자에 갇혀 있다"고 했고, 조셉 캠벨은 "희망도 빠져나와 세상에 퍼졌다"고 한다. 이윤기는 "믿고 싶은 대로 믿으면 그만"이라고 귀띔한다.

저축은행 사태가 정국을 휘젓고 있다. 속속 드러나는 비리 사슬이 말 그대로 점입가경이다. 그나저나 대통령님 라디오 연설 한 번 더 하셔야겠다. 어떻게?

"연봉 많이 받는 검찰, 태업하면 못써요!"

국정조사, 특검 얘기가 나온다지만 떠오르는 건 '기시감既視感'이다. 도대체 믿을 수 없다. 국정조사에서 진실을 밝혀냈다는 얘기를 들어본 바 없고, 특검 '물 타기'에서 빠져나오지 못한 거물은 거물이 아닌 거다.

세상의 모든pan 선물dora이라는 뜻을 가진 판도라가 들고 온 상자는 과연 희망을 풀어놓은 걸까, 아님 여태 상자 속에 가둬 둔 걸까?

친구들의 댓글 교감

구ㅇㅇ _ 판도라의 상자가 우리 모두에게 희망을 주려면 공정한 사회를 말로만 하지 말고 이번 기회에 보여 주어야 할 것이다.

케찰코아틀과 반물질

중국인들이 용과 봉황을 상상했듯, 고대 멕시코인들은 케찰코아틀 Quetzalcoatl이라는 깃털 달린 뱀을 상상했다.

현대 물리학은 '빅뱅'을 상상했고, 거기 등장하는 게 '반물질反物質'이다. 차이라면 용이나 케찰코아틀이 신화라면, 빅뱅이나 반물질은 첨단 물리학의 산물이라는 것.

신화와 과학 중 어떤 것을 더 신뢰해야 할까? 분명한 건 아서 C 클라크, 아이작 아시모프 등의 인문적 상상력이 과학 발전의 자양분이 되었다는 사실이다.

최근 과학계가 '반물질'을 생성, 붙잡아 두는 데 성공해 화제다. 우주 탄생의 비밀을 밝히는 것은 물론 반물질로만 이루어진 또 다른 우주, 즉 '평행우주'의 존재를 밝힐 열쇠를 쥐게 된 셈이다.

상상이 현실이 되고, 현실은 또 다시 새로운 것을 상상하면서 진화한다.

친구들의 댓글 교감

유○○ _ 스필버그 감독의 〈마이너리티 리포트〉 10년 전의 영화였는데, 스마트 컴퓨터와 3차원 영상 통화 기법이 동원됐었죠. 그런데 상상이 현실화되고 있네요.

오○○ _ 이제야 봤습니다. 케찰코아틀은 고대인의 상상의 창조신. 현대의 과학적 상상은 물질적 차원의 현실로 입증되고 있죠. 신화적 상상은 그 시대의 사유, 비물질적이지만 과학적 상상에도 영감을 주었으리라 생각합니다.

김여진과 김제동의 울림

"의원님들께 묻겠습니다. 여태까지 뭐 하셨습니까? 노셨습니까?"

토론회 패널로 나선 배우 김여진 씨가 던진 말이다. 이어 그는 "사채업자 대학이 학생들을 괴물로 만들고 있다"고도 했다.
성화요원星火燎原이다. 대학 등록금이 주요 이슈로 대두되면서 정치권과 언론이 뒤늦게 '빅 마우스'를 자처하고 나섰지만 배우 김여진의 말보다 강렬하고 울림이 큰 발언은 들어본 바 없다.
개그맨 김제동 역시 광화문광장의 학생들에게 자신의 책을 나눠주는 등 발 빠르게 움직이고 있다. 이미 범상치 않은 행보를 보이던 그였지만 최근 행보가 유난히 돋보인다.
칼보다 강한 건 펜이고, 펜보다 강한 건 말이다. 특히 대중 스타의 한 마디 말은 대중의 마음을 움직이는 힘이 있다. 대통령 라디오 연설과 비할 바가 아니다.

친구들의 댓글 교감
- Kim○○ _ 정말 멋진 분들 많아요. 그래서 세상이 정화되는 거 같습니다. 좋은 글입니다.
- 성○○ _ 진짜 말을 하는 사람이 가짜 말을 하는 사람에게 묻는 거네요. ㅎㅎ "말이여 당나귀여???" ^^

힉Hick 로두스, 힉 살투스Saltus!

상념의 구두점을 찍으며 걸었다. 아픈 다리가 저려왔지만 무거운 마음에는 비할 바 아니었다. 반값 등록금 집회 현장. 2008년 촛불 때와 사뭇 다른 반응들이 쏟아졌다.
"등록금이 문제가 아니라 대학 개혁이 우선이고, 등록금은 더 올려야 해." 이런 말도 있다. "그들 만나면 말하세요, 그깟 대학 왜 다니느냐고. 때려치우고 일을 하든가, 시간 있으면 한 자라도 더 공부하던가…"
인파를 헤치며 겨우 걷다가 브레히트 희곡의 한 대목을 떠올렸다. 이솝우화이기도 한 그 말을 떠올리는 순간 거짓말처럼 〈유주얼 서스펙트〉의 캐빈 스페이시처럼 똑바로 걷기 시작했다.
"여기가 로도스다, 여기서 뛰어라!"
'지금, 여기'의 문제를 도외시하면서 무슨 '놈'의 사설들이 그리 많을까?

친구들의 댓글 교감

이ㅇㅇ _ 함께하지 못하는 것에 대한 자기변명이라면 그나마 봐주련만, 오히려 전도사인 양. 답답한 가슴.

Younㅇㅇ _ 개인적으로 집회를 그다지 좋아하진 않지만 이번 대학 등록금 집회는 응원하고 있습니다. 그런데 과연 정치권에서 뾰족한 수가 나올 수 있을까요?

'문단' 도처 유상수

"한 시대는 한 권의 명저를 낳고, 그 책은 한 사람의 운명뿐만 아니라 한 사회의 운명도 바꿉니다. 《나의 문화유산답사기》야말로 바로 그런 책이라 할 것입니다."

《나의 문화유산답사기》의 리뷰가 인상적이다. 하긴 여행의 패턴까지 바꿔놓은 책이다. 답사기 시즌2가 '인생도처 유상수'라는 부제를 달고 나왔다. 반갑고 기쁘다.

문단에도 희소식이 들린다. 대형 신인의 탄생이랄까. 무명에 가까운 정유정이 《7년의 밤》으로 독자들의 관심을 끌고 있다.

놀랍다. 힘 있는 문장과 압도적 서사를 장착한 《7년의 밤》의 흡인력이 대단하다. 유명세가 아닌 순전히 소설 자체의 힘으로 독자들의 지지를 받기는 박현욱의 《아내가 결혼했다》 이후 처음인 듯하다. 그야말로 '문단도처 유상수'다.

희망의 버스

작년 봄 노숙인 인문학 강의 경험을 묶어 《책이 저를 살렸습니다》를 냈을 때 경향신문은 한 개 지면을 통째로 내어주었다. 3시간 여 동안 진행된 인터뷰 말미에 기자가 내게 물었다. 남이 알아주든 말든 묵묵히 자기 신념을 실천하는 사람 있으면 소개시켜 달라고.
일주일 뒤, 기자에게서 전화가 왔다. 부산 내려가서 김진숙 씨 인터뷰하고 서울 올라오는 길이라고. 좋은 분 소개해줘서 고맙다고….
다음 달 6월 11일, 드디어 그 김진숙 씨를 만나러 가려 한다. 그가 85호 크레인에 오른 지 150일 되는 날 '희망의 버스'를 타고 김진숙 씨를 만나러 간다.
많은 사람들이 가겠지만 아직 함께 갈 사람을 구하지 못했다. 혹시 저와 함께 김진숙 씨 만나러 가실 분, 누구 없을까?

친구들의 댓글 교감

- Kim○○ _ 아!! 그 날은 퇴계원 산대놀이 달빛축제에 가야 되어 아쉽네요. ^*^
- 권○○ _ 미안하고 부끄럽지만, 마음만 그 버스에 동승하겠습니다.

어떤 스승의 날

무소식이 희소식이라지만 오늘 같은 날엔 전화라도 몇 통 걸려왔으면 좋겠다. 물론 가능성이 희박한 바람이지만….
노숙인 인문학으로 출발해서 교도소, 한 부모 가장 여성, 탈학교 청소년 등과 인문학을 매개로 만나온 게 어느새 7년째다. 제법 제자들이 늘었으니 은근 기대해봄직도 하지만 드러내 놓고 말하긴 이게 처음이다.
바라지 말아야 할 걸 바라는 것이기는 하다. 탈학교 아이들에겐 책임을 다하지 못한 아쉬움이 남고, 교도소 제자들이야 연락할 처지가 아닐 것이며, 아직도 노숙과 쪽방을 면치 못한 분들에게 뭔가를 기념할 여유가 없을 테니 말이다.
자축의 의미로 연락처가 있는 몇 안 되는 분들에게 먼저 전화를 넣어볼 참이다. 잘 지내시느냐고, 건강은 좀 어떠시냐고, 소주나 한잔 하시자고….

친구들의 댓글 교감
Kim ○ ○ _ 맘뿐일 수밖에 없는 제자들의 마음을 이리 미리 헤아리시니 역시 스승다우십다. •^^•
윤 ○ ○ _ 나름 가르치는 사람인데 15일이 일요일이다 보니 좀 섭한 건 있네요. 완전 공감입니다.
허 ○ ○ _ 감사하다는 인사 한 번 제대로 받지 못할 곳에서 그 분들을 위해 일하신 준영님께 제가 대신 인사드릴게요. 준영님 정말 귀한 일하십니다.

삼성과 애플, 왜 다를까?

TV 다큐멘터리에 나온 말이다.
"삼성은 최고의 품질을 지향하지만, 애플은 소비자의 니즈에 맞춘다."
이런 카피는 어떨까?
"삼성(갤럭시탭)은 주머니 사이즈에 맞추지만, 애플(아이패드)은 주머니 자체를 변화시킨다." 최근 아이패드용 주머니를 단 청바지와 재킷, 티셔츠도 나왔다. 새삼 곱씹을 말도 있다. "삼성은 제품에 디자인을 맞추지만, 애플은 디자인에 제품을 맞춘다."
결론이다.
"삼성은 시장의 최고를 지향하지만 애플은 새로운 시장을 창출, 지배한다."
최근 삼성과 애플 간 특허분쟁이 벌어졌다. 반응이 엇갈린다. 한쪽은 삼성의 위기라고 하고, 다른 한쪽은 애플이 드디어 삼성을 경쟁자로 의식하기 시작했다고 분석한다.
지금까지는 애플의 완승이다. 삼성의 분발을 촉구한다.

친구들의 댓글 교감
Kan○○ _ 전 삼성이 분발하지 않았으면 좋겠네요. 그 분발을 하느라 얼마나 노동자들을 힘들게 할까요?
조항준 _ 애플은 니즈를 넘어 니즈를 만든다. 이런 기업이 대한민국의 대표 기업이 되어야 하는데, 하는 생각.

예능 프로그램도 정치권을 닮나?

MBC '나는 가수다' 경연에서 탈락한 김건모가 최악의 선택을 하고 말았다. 결과를 수용하는 모습을 보였어야 했다. 그게 바로 국민가수 김건모에게 어울리는 일이고, 예능 프로그램의 주시청층인 청소년들에게 건전한 메시지를 전달하는 일이다.

'나는 가수다'는 본격 경연이 아닌 예능 프로다. 노래 실력보다는 외적 요인(시청률, 재미, 주시청층의 선호도, 인기도 등)에 의해 결과가 달라질 수밖에 없다. 평소 남다른 예능감각을 뽐내던 김건모였기에 더욱 안타깝다. 동료들의 바람을 수용한 것이라지만 궁색하다.

제작진 또한 스스로 신뢰를 까먹었다. 상황 논리로 원칙을 내쳐버린 꼴이다. 공약公約을 공약空約으로 만드는 정치권과 다를 바 없는 예능이 된 셈이다. 아이들에게 부끄럽다.

친구들의 댓글 교감

한○○ _ 소통에 문제가 있는 겁니다. 형식은 상의라고 하나, 열 표 짜리 한 사람이 있어서 그 사람이 결정해버리죠. 귀 기울이는 시스템을 갖추고, 모든 사람의 의사를 존중한다면 그런 결론을 낼 수가 없지요.

이○○ _ 전 '나가수' 처음 보면서 어떤 경쟁이 갖는 통과하기와 떨어지기 두 측면 중 후자 방식을 택한 게 나중에 저 프로그램을 중단시키는 하마티아hamartia가 될 거라 걱정했죠.

한국사회의 작동 원리

" '이론' 위에 '담론'이 있고, 그 위에는 '조작'이 있고, 또 그 위에는 '비리'가 있다고 한다. 하지만 이해관계에 따라서 있던 비리도 없던 일로 되기가 허다하므로 나는 비리 위에 결국은 '이해관계'가 있다고 본다. 이것만으로도 사실 부족하다. '국민' 위에 '정부'가 있고, 그 위에 '재벌'이 있고 또 그 위에 '삼성'이 있다."

한신대 이해영 교수가 《낯선 식민지, 한미 FTA》의 서문에서 소개한 한국사회의 작동 원리이다. 어이없게도 꼭짓점에 삼성이 있다. 이론과 담론만 고집해서도 안 되겠지만 여전히 비리와 이해관계가 한국사회를 움직이는 상위의 조건으로 남아있는 한 우리에게 희망은 없다.

친구들의 댓글 교감
김ㅇㅇ _ '삼성'만 못한 '정치'가 있는 한 차라리 이대로의 구도가 더 나을지도 모릅니다.
김ㅇㅇ _ 그에 맞먹는 또 다른 힘은 민중이 아닐까요? 이젠 정보도 공유하는 세상이니, 이전과는 양상이 다를 수도 있지 않겠어요?
윤ㅇㅇ _ 어제 동네 인문학 공부 모임에서도 비슷한 이야기를 나눴어요. 대통령은 5년에 한 번 선거라도 통해 바꿀 수 있는데 요즘에는 모든 것의 위에 삼성이 있네요.

밀양 가덕도, 그리고 경주

'부안항쟁'으로 불린 방사능폐기장 반대 운동을 영상으로 옮긴 인디영화 〈야만의 무기〉가 관심을 끈다. 일본 후쿠시마 원자력발전소의 재앙 앞에서 핵에너지 정책을 근본적으로 재검토 해야 한다는 목소리가 높아지면서부터다.

부안의 '방폐장' 반대가 대표적인 님비Nimby였다면, 동남권 신공항을 놓고 밀양과 가덕도가 유치경쟁을 벌인 것은 전형적인 핌피Pimfy라고 할 수 있다. 핌피가 얼마나 무서웠으면 '토건의 제왕' MB조차 후폭풍을 염려해 공약을 포기하고 말았을까.

방폐장 유치로 엄청난 인센티브를 받게 됐다며 애써 불안감을 떨쳐 버리려 했던 경주 시민들도 달리 생각하기 시작했다. 후쿠시마 원전 재앙 이후 대부분 국가에서 원전 건설에 제동을 걸거나 주춤하는 걸 보면서다.

친구들의 댓글 교감

Lim○○ _ 님비 NIMBY(Not In My Backyard)는 알았지만, 핌피 PIMFY(Please In My Front Yard)는 사전 찾아보고 알았어요. 고맙습니다. 오늘도 새로운 걸 알게 되니 헛되게 보내지 않는군요. ^^

한○○ _ 부안 방폐장 반대 운동을 '님비'로 보시는군요. 전 다수라는 이름으로 저지르는 폭력에 반대하는 운동으로 보았는데요.

최준영 _ 부안항쟁의 의미를 폄훼할 의도는 없습니다. 굳이 구분하자면 그렇다는 겁니다.

보수의 최후 보루는 진보의 분열

공병호는 《10년 후 한국》에서 "미래의 선거에선 진보가 늘 승리할 것"이라고 예측했다. 그 예측과는 달리 이후 MB정권이 들어섰고, 한나라당이 의회 권력을 차지했다. 프랑스 사회학자 피에르 부르디외 Pierre Bourdieu는 "왜 노동자들이 노동당에 투표하지 않는가"를 묻고 답하길, "그들의 언어와 문화가 없기 때문"이라고 진단했다.
우리 진보 진영에는 소통의 언어가 없다. 언제나 연대와 통합을 외치지만 분열만 일삼는 이유다. 김해을 후보단일화 협상 결렬이 본보기다. 진보를 아우르는 소통의 언어와 문화는 없고, 유시민의 독단, 진중권의 독설, 노회찬의 상상력, 이정희의 미숙함, 시민사회의 진정성이 각자 헛돌고 있을 뿐이다.
사카모토 료마는 없고 골목대장만 난무한 꼴이다. 그래선 소통의 문화를 창출할 수 없다.

친구들의 댓글 교감
권○○ _ 보수는 망가진 것을 수리하는 것. 진보는 진짜 보수라고 하던데요~~
김○○ _ 보수의 문제는 부패이고, 진보의 문제는 분열입니다. 보수의 강점은 연합이며, 진보의 강점은 혁신입니다.
박○○ _ 누군가는 지금을 춘추전국시대에 비유하기도 하더군요.

엉뚱하고 발랄한 작가,
파울로 코엘료

나 열다섯 살 때 어머니에게 말했다.

"어머니, 드디어 제가 가야 할 길을 찾았어요. 작가가 될 거예요."

"얘야."

어머니는 걱정스러운 듯 말씀하셨다.

"넌 대체 작가가 뭐하는 사람인지 알고나 있어? "

"…."

"잘 알지도 못하면서 작가가 되겠다는 게 말이 되니?"

어머니의 물음에 대답하기 위해 나는 조사에 나섰다.

내가 1960년대 초에 조사한 바에 따르면, 작가는 이런 존재다.

1. 작가는 항상 안경을 걸치고, 절대 머리를 빗는 법이 없다. 늘 화를 내거나 우울하거나 둘 중 하나다.

2. 작가는 자신이 쓴 문장을 끊임없이 다듬고 수정한다. 보통 사람들

이 사용하는 단어는 삼천 개 내외인데, 진정한 작가는 이런 단어들을 사용하지 않는다. 그것들을 제외하고도 사전에는 아직 십팔만 구천 개의 단어들이 남아 있는 데다, 그는 보통사람이 아니잖은가.

3. 작가는 (자신의 책이) '가장 난해한 책'이라는 영예를 안기 위해 동료들과 경쟁한다.

4. 작가라는 사람은 기호학, 인식론, 신구체주의 같은 불편한 분위기를 조성하는 명사에 조예가 깊다. 누군가에게 겁을 주고 싶으면 이런 말을 들먹이면 된다.

"아인슈타인은 바보야." 혹은 "톨스토이는 부르주아의 광대였어."

그 말을 들은 상대는 아니꼬워하면서도, 그 자리를 뜨자마자 상대성이론은 엉터리이고 톨스토이는 러시아 귀족사회의 옹호자였다고 떠벌리게 될 것이다.

5. 작가는 여자를 꾀고 싶을 때 냅킨에 시 한 편을 써서 이렇게 말하기만 하면 된다.

"나는 작가입니다." 언제나 통하는 방법이다.

6. 작가는 해박한 지식을 바탕으로 문학비평을 한다.

7. 작가는 요즘 무슨 책을 읽느냐는 질문에 늘 남들이 듣지도 보지도 못한 제목을 댄다.

8. 작가와 그 동료들에게 한결같은 감동을 안겨주는 책은 세상에 단

한 권뿐이다. 바로 제임스 조이스의 《율리시스》. 이 작품을 깎아내리는 작가는 없다. 하지만 책 내용을 물으면 횡설수설한다. 정말로 그걸 읽기는 한 건지 의심이 들 정도로.

이 모든 자료로 무장한 뒤, 나는 어머니에게 작가란 무엇인가를 조목조목 설명했다. 어머니는 꽤나 놀라신 듯했다.

"차라리 엔지니어가 되는 게 쉽겠구나. 게다가 넌 안경도 안 쓰잖니."

그래도 내 머리칼은 그때부터 부스스했고, 주머니에는 언제나 골루아즈 담배 한 갑이 들어 있었고, 옆구리에는 연극 대본도 한 권 끼워져 있었다. 나는 헤겔을 공부했고, 어떻게든 《율리시스》를 꼭 읽어야겠다고 다짐했다. _ 파울로 코엘료의 최초 산문집 《흐르는 강물처럼》 프롤로그 중

*＊＊

엉뚱하고 발랄한 작가, 파울로 코엘료 Paulo Coelho. 성인이 된 파울로 코엘료는 브레히트의 말처럼 "신발을 바꾸는 것보다 더 많이 나라를 바꾸게 했"을 정도로 많은 곳을 여행한 끝에 마침내 작가가 되었다.

"당신이 진정으로 소망하면 온 우주는 당신의 꿈이 이루어지도록 도와줄 것"이라는 말로 수많은 사람들의 마음을 사로잡았던 《연금술사》를 비롯, 나오는 책마다 베스트셀러가 되는 언어의 '연'글'술사' 파울로 코엘료.

그가 15살 때 엄마에게 설명하기 위해 조사했다는 '작가론'은 지금 읽어봐도 공감할 대목이 많다. 물론 달라진 것도 있을 테지만 말이다.

 친구들의 댓글 교감
정○○ _ 어떤 분야든 치열하게 살아가고 때론 자기를 관조적으로 볼 줄 아는 사람에게서 들을 수 있는 이야기입니다. 《율리시스》에 대해서는 묵비권을 지금껏 유지하는 중입니다.
Oh ○○ _ 우연인지는 몰라도 바로 5분 전에 책 읽을 여가가 없는 제 마눌에게 《흐르는 강물처럼》을 권했습니다. 독서의 양은 저보다 적지만 훨씬 더 지혜로운 아내는 곧 제게 이 책을 읽고 나서 더 큰 교훈을 줄 것 같습니다.

문득 사는 게 힘든 날,
전태일을 만나다

오랜만에 들른 서울의 한 대형 서점에서 선뜻 책 한 권을 집어 들었다. 몇 번이나 읽었던 그 책의 개정판을 집어든 건, 그에 대한 최소한의 예의라고 생각했었기 때문이다.

늦은 저녁을 먹고 거실에 앉아 '개정판이니 뭔가 달라졌겠지' 하는 마음으로 잠깐 훑어보기 시작했다. 그러나 그 '가벼운 마음' 탓에 그날 밤을 꼬박 지새우고 말았다.

《전태일 평전》. 그 이름만으로도 가슴이 뭉클해지는 그 책을 나는 너덧 번은 더 읽었다. 80년대 초반, 그러니까 야학 학생이었던 시절. 야학 교사에게서 은밀하게 건네받은 문건 〈어느 청년 노동자의 삶과 죽음〉을 살 떨리는 긴장감과 함께 읽었던 게 첫 기억이고, 두 번째는 대학생 시절 학회 세미나를 위해 읽었다.

울지는 않았다. 새삼 울고불고할 감성이 남아있지 않았다. 솔직히 말하면 울고 싶은 마음이 전혀 들지 않았다. 사실 책을 읽는 내내 전태일이라는 거룩한 이름과 마주한 것이 아니라 초라하고 부끄럽고 별 볼 일 없었던 실수투성이, 나의 청춘기와 맞닥뜨리고 있었을 뿐이었다. 스스로에 대한 애증이 수없이 교차했던 그날 밤, 울음 대신 상념의 구두점만 연신 찍어냈을 뿐이었다.

전태일은 점심 먹을 돈과 집으로 돌아갈 차비를 털어 풀빵을 사서 어린 시다(여공)들의 주린 배를 채워주었다. 자신은 걷고 달리기를 반복해 무려 3시간여 만에 집에 도착했다가 잠시 눈을 붙이고 다시 출근하곤 했다는 대목을 읽으면서 눈물 대신 웃음이 나왔다. 나 역시 그런 내달림과 걷기의 경험을 가지고 있어서였다.

***

대학생 시절 야학 교사를 하던 때의 일이다. 저녁 무렵 이문동에서 출발해 한 시간 반을 내달려 종암동에 있는 야학에 도착하면 온몸이 땀으로 범벅이 되곤 했다. 물론 차비(토큰 혹은 회수권)가 없었기 때문이기도 했지만 실은 최루가스 냄새를 바람에 날려버리려는 의도가 강했다. 그렇게 최루가스 냄새를 없애는 대신 그보다 더 역겨운 땀 냄새를 풍기며 수업을 했으니, 그게 얼마나 웃기는 일인가? 덕분에 체력이 좋아지고, 야학에서는 차비도 없는 가난한 사람으로 낙인찍혀 내내 동정의 대상이 되곤 했다.

그러나 책을 읽는 내내 내 머릿속에 들어앉았던 건 야학교사 시절의 기억이 아니었다. 그보다 훨씬 이전의 기억들, 그러니까 소위 '공돌이'라는 놀림을 당하던 시절의 기억들이었다. 공돌이라는 소릴 듣기 싫어 옆구리엔 늘 '앙드레 지드'나 '헤르만 헤세' 류類를 끼고 다니기도 했다. 당시를 회상하는 건 즐거움이자 괴로움이다. 왜냐하면 안타까운 기억일수록 더 생생하게 기억되기 때문이다.

이런 일도 있었다. 열다섯 살 어린 여공이 공부해보겠다며 야학에 찾아왔다가 불과 3일 만에 그만두었다. 선생님 한 분과 저는 궁금하기도 하고, 걱정도 돼서 그녀의 공장에 찾아갔지만 문전박대만 당하고 돌아왔다. 나중에 어렵사리 야학에 들른 그녀는 하염없이 눈물만 흘렸다. 자신은 공부가 하고 싶은데, 오빠 언니들처럼 검정고시도 보고 싶은데, 공장 주인이 야근에 지장을 준다고 못 다니게 한다면서 말이다.

그렇게 흐느끼며 야학을 떠나던 그녀의 손가락 마디에서 그만 보지 말아야 할 것을 보고 말았다. 그녀의 손등과 손마디가 온통 피멍이었다. 요꼬(서서 좌우로 움직이는 직조기계)바늘에 찔려서 생긴 상처였다. 일이 서투른 시다(견습공)에게서 흔히 발견되는 상처였다. 공장에서 그 상처에 비례해서 숱하게 면박을 받고 멸시 당했을 그녀가 가여웠다.

문학의 밤 때의 일이다. 시 낭송과 노래 부르기가 끝나고 연극 공연이 시작되었을 때다. 제목은 '공장의 불빛'(당시 교사들은 대체 무슨 마음으로 우리한테 그런 공연을 시켰던 건지…) 한 시간 이상 진행되어야 할 공연이 채 30분도 안 돼 막을 내리고 말았다. 조명 문제도, 연기가 어색했거나 연출이 엉망이어서도, 관객이 없어서도 아니었다. 갑자기 무대와 객석이 울음바다로 변해버렸기 때문이었다. 그 날 모두 울었다. 구경 온 동네 아줌마와 할머니들도, 연극을 기획·연출했던 교사들(대학생)도, 연기했던 학생들도, 나도….

세상에 태어나서 그렇게 많이 오래도록 펑펑 하염없이 울었던 때가 있을까 싶다. 아무리 기억을 더듬어 봐도 그런 기억은 떠오르지 않는다. 빌어먹을! 책 읽을 때는 아무렇지도 않더니 이 리뷰를 쓰면서 또 눈물이 핑 돈다.

***

그 해 겨울을 난 뒤, 좋아했던 여학생은 고검(중학교 졸업 인정 검정고시)에 합격한 후 여상(최고의 수재들이 간다는 서울여상)에 들어갔다. 어떤 여학생은 공부를 접고 다시 공장생활에 전념하기로 했고, 나를 무던히도 따르던 어떤 친구는 고검 합격 후 대검(대입자격 검정고시) 준비에 박차를 가했고, 어떤 형님은 장가를 갔고, 어떤 누나는 남동생 뒷바라지를 해야 한다며 공장에만 전념하기로 했고, 어떤 여학생은 교사(대학생)와 연분이 났고, 어떤 동생은 말도 없이 야학을 그만두었다. 아뿔싸! 우리들의 야학은 건물주의 느닷없는 재산권 행사로 인해 사라져버렸다.

그리고 나는 대학생이 되어 서글픔과 나약함 대신 열정과 분노로 다시금 '어느 청년 노동자의 삶과 죽음(전태일 평전)'을 읽고 세미나를 하기도 했다. 그때가 두 번째 읽은 것이었다.

***

세월이 흘러 어느새 감성은 무디어질 대로 무뎌졌다. 변하기도 했다. 그러나 세월이 흘러도 변하지 않는 것, 변해서는 안 되는 것도 있다. 삶의 원칙이다. 가난한 이웃들과 더불어 살고 싶다는 바람과 소망은 아직 변하지 않았고 앞으로도 변하지 않을 것이다. 그래선지 모르겠다. 노숙인 문제에 꽂혀 사는 걸 보면 말이다. 《전태일 평전》에는 마음이 약해지거나 혼란스러울 때마다 펼쳐보고 싶은 대목이 여럿 있다. 그중 인간미는 물론 숭고한 인간애를 느끼게 해주는 열사의 일기장은 오래오래 곁에 두고 싶은 내용들이다.

인간을 물질화 하는 세대,
인간의 개성과 참 인간적 본능의 충족을 무시당하고

희망의 가지를 잘린 채, 존재하기 위한 대가로
물질적 가치로 전락한 인간상人間像을 증오한다. _186쪽

나는 언제부터인지 모르지만 감정에는 약한 편입니다. 조금만 불쌍한
사람을 보아도 마음이 언짢아 그날 기분은 우울한 편입니다. 내 자신이
너무 그러한 환경들을 속속들이 알고 있기 때문인 것 같습니다. _201쪽

과거가 불우했다고 지금 과거를 원망한다면 불우했던 과거는 영원히
너의 영역의 사생아가 되는 것이 아니냐? _208쪽

사랑하는 친우여, 받아 읽어주게.
친우여, 나를 아는 모든 나여.
나를 모르는 모든 나여.
부탁이 있네. 나를, 지금 이 순간의 나를 영원히 잊지 말아주게.
그리고 바라네. 그대들 소중한 추억의 서재에 간직하여 주게.
뇌성 번개가 이 작은 육신을 태우고 꺾어버린다고 해도
하늘이 나에게만 꺼져 내려온다 해도,
그대 소중한 추억에 간직된 나는 조금도 두렵지 않을 걸세.
그리고 만약 또 두려움이 남는다면 나는 나를 영원히 버릴 걸세.
그대들이 아는, 그대 영역領域의 일부인 나.

그대들의 앉은 좌석에 보이지 않게 참석하네.

미안하네. 용서하게. 테이블 중간에 나의 좌석을 마련하여주게.

원섭이와 재철이 중간이면 좋겠네.

좌석을 마련했으면 내 말을 들어주게

그대들이 아는, 그대들의 전체의 일부인 나.

힘에 겨워 힘에 겨워 굴리다 다 못 굴린,

그리고 또 굴려야 할 덩이를 나의 나인 그대들에게 맡긴 채.

잠시 다니러 간다네. 잠시 쉬러 간다네.

어쩌면 반지指環, 金力을 뜻함의 무게와 총칼의 질타에

구애되지 않을지도 모르는, 않기를 바라는

이 순간 이후의 세계에서,

내 생애 다 못 굴린 덩이를, 덩이를,

목적지까지 굴리려 하네.

이 순간 이후의 세계에서 또다시 추방당한다 하더라도

굴리는 데, 굴리는 데, 도울 수만 있다면,

이룰 수만 있다면…. _ 유언(책의 마지막 쪽)

《소금꽃나무》의 저자 김진숙을 아시나요?

오늘 아침 〈한겨레신문〉 광고를 보고서야 《소금꽃나무》의 저자 김진숙 씨가 한진중공업 85호 크레인에 올라간 지 33일이나 되었다는 사실을 알았다. 그동안 얼마나 무심하게 살아왔는지. 부끄럽고 민망한 마음에 이태 전 써두었던 리뷰를 다시 들여다보았다.

심상정 씨는 '학번 없는 사람이 세상의 주인이 되어야 한다'는 그의 절절한 고백에 깊이 공감했는지 블로그를 통해 공식적으로 미안함을 표하기도 했다. 김진숙 씨에 대한 그런저런 기억들이 되살아나 가슴이 아프고 답답하다.

《소금꽃나무》를 읽다가 가슴이 먹먹해서 더 이상 책에 눈을 둘 수 없었다. 잠시 쉬었다 다시 읽을까, 바람이라도 쐬고 와야 할까. 잠시 망설이다 가방을 챙겨 열람실 밖으로 나왔다. 이미 머리와 마음은 책을 떠나 과거 어느 곳을 배회하고 있었다. 더 이상 책을 읽을 수 없었다.

엘리베이터를 두고 굳이 계단으로 내려온 건 아날로그적 회상의 꼬리를 자르고 싶지 않아서였다. 생각은 자연스럽게 '좋은 글이란, 글을 쓴다는 건 무언가?' 따위의 질문으로 치달았다. 대답거리도 거침없이 떠올랐다.

'무릇, 글이란…' 거의 정답에 가까운 대답을 떠올렸지만 머릿속에선 같은 질문이 반복되고 있었다. 아무리 삭제해도 없어지지 않는 악플처럼…. 도서관 로비를 나서며 서둘러 담배에 불을 붙였다. 공기 중으로 흩어지는 연기와 함께 상념과 회한도 휘발되기를 바랐지만 상념은 더 이상 상념이 아니었다. 울분이었다.

《소금꽃나무》를 나는 단숨에 읽어내지 못했다. 분량이 길어서도, 내용이 어려워서도 아니었다. 책장을 넘길 때마다 가슴과 뒷골을 파고드는 통증을 참아내기 힘들었다. 타닥타닥, 장작개비의 비명과도 같은 똑 부러지는 표현들. 군더더기 없이 거침없는 외침과 질척한 이야기를 애써 담담하게 표현하려 애쓴 절제와 냉철함의 흔적들. 관념의 조작이나 섣부른 기교로는 도저히 흉내조차 낼 수 없는 파닥파닥 뛰는 생명의 힘과 열정으로 써낸 '김진숙의 20여 년 노동일기'를 접하는 것은 쉬운 일이 아니었다.

읽는 내내 《전태일 평전》을 떠올렸다. 둘은 닮은 듯하면서도 다르고, 다른 듯하면서도 어쩔 수 없이 닮을 수밖에 없는 책이라는 생각이 들었다. 화자가 삶과 죽음으로 갈린다는 건 무의미한 비교지만, 그 점이 바로 어쩔 수 없는 두 책의 차이이기도 했다.

《전태일 평전》을 읽을 때면 언제나 감당하기 힘든 감동과 전율을 느낀다. 그럼에도 불구하고 분신 직전 열사의 심정과 동료들의 절규, 노동자의 땀 냄새 대신 지식인의 가필과 해석으로 덧칠된 것이 못내 아쉽게 느껴지곤 했다. 반면, 김진숙의 《소금꽃나무》는 《전태일 평전》에서 느낄 수 없었던 노동자의 땀과 눈물로 쓴 '날것' 그대로의 감동과 흥분을 느끼게 한다.

***

'대학생 친구가 한 명만 있었으면' 했던 전태일 열사의 바람이 뒤늦게 이루어진 곳이 노동 현장이다. 수많은 '학출'들이 노동운동의 주체로 활약하던 시대를 넘어 '학번 없는 노동자 김진숙'이 지식과 관념으로 얼룩진 화려한 수사의 벽을 넘어 섰다. 그래서 덤덤하고 당당한 노동 현장의 생생한 목소리를 감동적인 말과 글로 옮기다가 마침내 "학번 없는 사람이 이 세상의 주인이라는 믿음을 갖게 되었다"고 말하는 대목에서는 진한 감동이 몰려든다.

그러나 척박한 노동현실을 얘기한다는 점, 더군다나 1970년에 부르짖었던 전태일 열사의 절규가 2003년 김주익 열사를 비롯한 수많은 열사들의 절규로 고스란히 이어지고 있다는 점에서 둘은 어쩔 수 없이 같은 운명을 타고 난 책일 수밖에 없다. 김진숙 역시 그 점을 놓치지 않는다. 아니, 그것은 놓칠 수 없는 치 떨리는 분노의 주된 내용이다.

"1970년에 죽은 전태일의 유서와 세기를 건너뛴 2003년 김주익의 유서가 같은 나라, 두산중공업 배달호의 유서와 지역을 건너뛴 한진중공업 김주익의 유서가 같은 나라, 민주당사에서 농성하던 조수원과 크레인 위에서 농성하던 김주익이 죽는 방식이 같은 나라.

〈…〉 저들이 옳아서 이기는 게 아니라 우리가 연대하지 않으므로 깨지는 겁니다. 만날 우리만 죽고 천 날 우리만 깨집니다. 아무리 통곡하고 몸부림을 쳐도 그들의 손아귀에서 한시도 벗어날 수가 없습니다.

〈…〉 아빠의 영정을 들고 철모르는 웃음을 웃고 있는 용찬이를 두고, 세상 어느 여인보다 행복하게 해주겠노라 맹세했던 용찬이 엄마를 두고 차마 떨어지지 않는 발걸음 이젠 돌리셔도 됩니다. 용찬이가 크면 아빠를 죽인 놈이 누군지 똑똑히 알겠지요. 유가족에 대한 보상보다도 두 달 동안이나 일을 못한 조합원들 임금 교섭 단체 협약을 협상 조건으로 제시했던 용찬이 엄마는 정말 가슴 미어지도록 자랑스러운 우리의 동지입니다."

_ 제3장. '더 이상 죽이지 마라! —1991년 6월 30일 박창수 열사 추모제' 중. 117쪽

아마도 이런 것들이 주말의 도서관 나들이를 망쳐놓은 주범이 아니었을까? 난데없이 눈물을 머금게 하고, 순간 주먹을 불끈 쥐

게 했던 이야기들. 답답해진 가슴이 금방이라도 터질 것 같아 한참동안 숨 고르기를 하게 했던 이야기들….

담배 한 대를 피운 뒤 가방 끈을 굳게 잡고 걸음을 재촉했다. 감상에 젖었던 대로라면 응당 소주 한 잔 기울이는 게 그동안의 습관이었지만, 그날은 그러지 않기로 했다. 당장 무엇인가를 해야겠다고 생각했다. 채 생각이 끝나기도 전에 휴대폰을 꺼내 후배에게 문자를 보냈다.

"《전태일 평전》만큼이나 감동적인 책이 나왔다. 김진숙의 《소금꽃나무》."

"《소금꽃나무》가 무슨 뜻이에요?"

말이 좀 길 것 같아 문자 대신 번호를 눌렀다. 신호음이 떨어진 후 말을 이었다.

"작업장에서 노동자들의 등짝에 새겨져 있는, 땀이 굳어서 생긴 소금덩어리들이 만들어낸 나무 모양을 말하는 거야. 뿌리도 없고 가지도 없이 꽃만 피어나 한 사람의 등에 서있는 나무, 그게 바로 소금꽃나무라는 거야. 김진숙이라는 노동운동가가 발견하고 이름붙인 나무. 이 땅 노동자들의 피곤하고 지친 얼굴 표정이기도 하고. 아무튼 한번 읽어봐라."

뺨 때리는 검찰, 돈 뿌리는 검찰총장

검찰 수사를 받던 경산 시청 김모 과장이 목을 매 숨졌다. 유서가 충격적이다.

"검사들이 나를 강압적으로 조사하며 욕설을 하는 등 모욕적인 말을 내뱉었다. 뺨을 3번이나 맞고 가슴도 손으로 맞았다. 인간적인 모멸감을 느낀다."

시군의 과장급이면 30년 안팎의 공직생활을 한 사람이다. 그런 사람의 뺨을 때리는 검찰, 참 무섭다.
김준규 검찰총장이 워크숍에서 검사장급 이상 간부들에게 격려금 명목으로 돈 봉투를 나눠줬다. 1억 원 가까운 액수다. 취임 초 제비뽑기로 기자들에게 돈을 뿌렸던 김 총장이다. 영수증 처리가 필요 없는 검찰총장의 특수 활동비가 올해 189억 원이나 책정됐다고 한다.
작가 김훈은 검찰 앞에서 "일반 국민들은 검찰을 공포와 혐오의 대상으로 볼 수밖에 없다"고 말했다.

친구들의 댓글 교감
　　Kan ㅇㅇ_ 조금 다르긴 합니다만, 〈체인질링〉이라는 영화가 생각나네요….
　　이ㅇㅇ _ 짜증! 권력이 사람을 이상하게 만드는 걸까요? 사람이 권력을 그렇게 만드는 걸까요? 위임받은 권력을 자기 것인 양 주무르는 사람들이 무섭습니다.

프랙탈

"역사를 쓰는 것은 대양大洋을 마시고 한 줌의 오줌을 싸는 것과 같다." 구스타프 플로베르. "정치는 어떻게든 일어날 수밖에 없는 일을 성취하는 것이다." 한스 마그누스 엔첸스베르거.
"사람이 아니라 패턴을 보라"는 마크 뷰캐넌(《사회적 원자》 저자)의 지적은 만델브로트의 프랙탈fractal 개념에 대한 사회물리학적 이해에서 비롯된 말이다.
심광현은 프랙탈을 우리의 현실 속으로 끌어들인다. 심 교수는 우리나라의 구불구불한 지형을 '프랙탈'로 설명한 뒤, 우리민족의 역동성과 창의성, 나아가 '흥'의 정서를 배태시킨 전통문화의 기반이라고 역설한다.
"인생은 뒤돌아볼 때만 이해할 수 있지만, 우리는 앞으로 가면서 살아야 한다."는 키에르케고르의 성찰은 역사와 정치의 프랙탈 구조에 대한 이해인 셈이다.

친구들의 댓글 교감
이ㅇㅇ_ 음악사와 관계 지어서 박사 논문 생각하고 있는데, "대양을 마시고, 한 오줌을 싸야 한다"는 말씀을 들으니 엄청난 고생이 예상됩니다. ㅠㅠ
박ㅇㅇ_ 모 성냥불이 켜졌다 꺼지는 순간을 빅뱅으로 이해하기도 하죠. ^^

번역과 오역

FTA 협정문에서 207개의 오역이 발견된 데 이어 국사편찬위원회가 해외 홍보용으로 만든 《영문 한국사》 The History of Korea 역시 300여 쪽 중 120여 쪽이 형편없는 영문으로 작성됐다는 주장이 나왔다. 해마다 수만 명이 단지 영어를 익히기 위해 유학길에 오르고, 한해 영어 교육에 드는 비용만 몇십조에 달하는 걸 상기해보면 기가 막히고 코가 막힐 노릇이다. 하긴 틈만 나면 영어교육을 강조하던 우리 대통령이 쌀 rice와 좋은 nice를 구분하지 못했다는 일화도 있었으니까.

한편 신경숙의 《엄마를 부탁해》가 발간 직후 미국 독서계를 강타하고 있다. 해외에서 우리 문학의 부진이 반드시 번역만의 문제는 아니라는 방증이다. 마찬가지로 일련의 '오역' 사태 역시 상식과 공감의 문제인 셈이다.

친구들의 댓글 교감
이○○_《엄마를 부탁해》 국내에서도 인기가 치솟는다고~.

이건희, 박근혜의 '한 말씀 정치'

그의 한마디 말씀이 뉴스가 된다. 영향력 큰 뉴스메이커의 경우다. 그가 길을 걸으며, 공항을 나서며, 복도에 서서 한마디 하면 곧 빅뉴스가 된다. 박근혜 한나라당 전 대표와 이건희 삼성전자 회장이 그들이다.

신공항 백지화가 발표되자마자 언론의 관심은 곧바로 박 전 대표의 입에 쏠렸고, 국세청이 삼성계열사 세무조사에 착수하자 이번엔 이 회장의 한마디를 따기 위해 기자들이 대거 공항에 출동했다. 말수 적은 '이-박'이지만 필요할 땐 한마디 한다. 이른바 '한 말씀 정치'다. 재계와 정치권에서 두 사람의 영향력은 압도적이다. 우리 정치와 경제가 특정인의 입에 놀아나는 모습이 안타깝다. 지나치게 한쪽으로 쏠리면 여론은 균형을 맞추려 한다. 그게 상식이다.

친구들의 댓글 교감

박ㅇㅇ _ 큰 권력을 무력화시킬 수 있는 건 다수의 조무래기들의 큰 비웃음이 아니었을까. 명멸해 간 이름 없는 자들의 정의감이 우주의 실체가 아니었을지, 지금도 그런 것이 아닐지….

서남표, 우리들의 일그러진 영웅

9.11 테러 직후 미국 정부는 서둘러 오사마 빈 라덴을 주범으로 지목했다. 그렇게 정확하고 신속한 정보 능력을 가지고 왜 테러를 차단하지 못했는지 의문이 들었지만, 결국 부시는 빈 라덴을 내세워 자신의 책임과 실책을 뒤로 물리는데 성공했다.

한겨레신문 '왜냐면'에 박경신 교수의 '서남표를 위한 변론'이 실렸다. 나는 그걸 용기라고 부르려고 한다. 부시 정부가 그랬던 것처럼 사회 전체가 서남표라는 표적 뒤에 숨으려는 걸 비판했다.

드러난 표적을 공격하기는 쉽다. 그러나 철저히 분석해 대안을 제시하기는 쉽지 않다. 서남표식 개혁이 뭇매를 맞고 있고, 대다수가 서 총장 사퇴를 주장한다. 조국과 진중권이 앞장섰다. 모처럼 여야가 한 목소리다.

친구들의 댓글 교감
임ㅇㅇ _ 이런 식으로는 생각하지 못했습니다. 희생양이 필요했던 걸까요?
Kimㅇㅇ _ 철저히 분석해서 대안을 제시하는 일은 누구의 몫일까요? 희생양이 사라지고 나면 무엇이 해결될까요? 뭐 좀, 나아지는 게 있을까요?

정작 공부해야 할 사람은 당신이다!

내 알기로 공부 좀 했다는 사람치고 뻔뻔하지 않은 사람이 없다. 김종훈 통상교섭본부장이 강기갑 의원에게 "공부 좀 하라"고 호통을 쳤다니 어이없다. 공부 좀 했나 보다. 뻔뻔하기 이를 데 없으니….

공부 좀 했다는 축들이 모인 외교부의 실상을 보자. 재외국민의 안전을 외면하는 '외면부', 외교 대신 외도에 열을 올려 '외도부', 통상보다는 통정에 능한 '통정부'로 불린다.

그가 정말로 공부깨나 했던 사람이라면 벌써 사퇴했어야 맞지만, 번역 오류로 화룡점정을 하고도 버티고 있다. 공부를 한다는 건 염치를 안다는 것이다. 염치는커녕 눈치도 없는 김 본부장은 공부와는 담을 쌓은 사람인 게 분명하다.

정작 공부해야 할 사람은 김종훈 통상교섭본부장 당신이다!

친구들의 댓글 교감

김○○ _ 또 개그 한판 했나보군요. "봤어요? 안 봤으면 말을 하지 마" 이건가요? 초딩도 아니고….

최○○ _ 번역 오류에 교정 오류. 원본 꼼꼼 대조는 기본인데 말이죠. 어이가 없더군요. 외국어 잘함 뭐 하남? 결국 우리말에서 뺑뺑 뚫리는 것을… 협상은 잘했나?

한국사 필수, 반대 한다

우리 역사는 논쟁중이다. 특히 근현대사에 대한 이념 논쟁이 뜨겁다. '해방 전후사의 인식'에 대응해 뉴라이트 진영에서 '해방 전후사의 재인식'을 출간하는 게 한 예다.

정부가 내년부터 한국사 고교 필수화 방침을 발표했다. 이념 논쟁의 바탕 위에서 벌어지고 있는 교과서 논란에 대해 아무런 대책이나 진지한 고민의 과정도 없이 서둘러 결정했다.

국사 외 사회 과목 교사들이 반대하고 나섰다. 정치 논리로 급조한 포퓰리즘이라는 것이다. 국·영·수에 대한 비중을 줄이고 전체 탐구과목의 비중을 끌어올려야 한다는 주장이다.

한국사 필수화는 자칫 학생들에게 국가주의 이념을 일방주입할 우려가 있다. 철지난 쇼비니즘 혹은 징고이즘의 발호도 염려된다. 반대하는 이유다.

친구들의 댓글 교감

박○○ _ 그래도 한국사 필수화는 이루어져야 합니다. 쇼비니즘화에 대한 우려는 너무 과대. 국가주의와 역사 인식은 오히려 서로 역 반응합니다. 역사 인식에 대한 자리 매김이 민족, 역사, 더 근원적으로 인간 문제의 통찰을 주는 끈이기도 합니다.

나○○ _ MB식 한국사 몰빵은 우려되지만 국사의 필수화는 저도 찬성입니다.

오사마 VS 오바마, '적대적 공범자들'

오사마 빈 라덴이 사살됐다. 미국 국민은 흥분했고, 세계인은 알카에다의 향후 행보에 촉각을 곤두세우기 시작했다. 테러의 잔혹성과 비인간성은 새삼 거론할 필요가 없다. 그러나 테러의 발호를 야기하는 당대의 야만성과 폭력성에 더 이상 눈 감으면 안 된다.
테러리즘 못지않게 미 '네오콘'의 국가 테러리즘, 석유자본과 미국의 군사적 지원을 등에 업은 아랍 왕조의 독재와 만행 역시 용서해선 안 될 것들이다. 재스민 혁명은 아직 진행형이며, 여전히 유효하다.
'적대적 공범자들'은 독재와 대중, 미국과 이슬람, 부시와 빈 라덴, 김일성과 박정희 전 대통령이 '적대적 공범 관계'였음을 주장한다. 생전 부시의 동맹이었던 빈 라덴. 그가 최후를 맞은 뒤 오바마에겐 동맹이 될까, 무덤이 될까?

친구들의 댓글 교감
권○○_ 긴장, 갈등, 분쟁의 구도를 통해 이익을 도모하는 더 거대한 악의 제국. 그 실체를 이루 다 가늠할 수 없는 것들이 유린하는 이 푸른 별. 오사마의 죽음이야 연극무대의 막간 암전 아닐지요.
최○○_ 증오와 폭력이 내재된 사회, 불멸의, 지속되는 적이 있기에 유지 가능한가 봅니다. 미국도, 우리 한국 사회도….

문학 아사(餓死)의 시대, 젊은 작가의 아사

　　영화 전문지 《씨네21》 창간 초기 '어느 젊은 시나리오 작가의 좌절'이라는 8쪽짜리 특집기사가 난 적 있다. 기사의 주인공이 바로 나였다. 이후 나는 한동안 '최좌절'이라는 별명으로 불려야 했다. 기사의 요지는 젊은 작가의 작품을 영화계 선배들(특히 실력자들)이 푼돈 몇 푼 던져주고 갈취해 버리는 못된 관행이 있고, 피해자인 젊은 작가들은 좌절할 수밖에 없다는 거였다.

　　오늘 〈한겨레신문〉에 참으로 안타깝고도 슬픈 기사가 실렸다. 서른 두 살의 여성 시나리오 작가 최 모 씨가 자취방에서 허기를 견디다 못해 굶어죽었다는 것이다. 세상에! 여기가 무슨 카리브해의 한 가운데도 아니고, 멀쩡한 젊은이가 굶어죽다니….

　　그리고 보니 생각나는 기사가 하나 더 있다. 지난 연말, 10년 만에 새 시집을 펴낸 최승자 시인에 관한 기사였다. 신문에 난 최 시인의 사진은 차마 정면으로 바라보기 민망할 만큼 충격적이었다. 깡마른 건 둘째 치고 그 퀭한 눈빛이란….

한때 '한국시의 한 경지'라 여겨지며 장정일 등 수많은 문학청년들을 가슴 시리게 했던 최승자 시인. 그 최승자가 후대도 아닌 당대에 이렇게 철저하게 잊힐 수 있다는 그 '지랄' 같은 사실이 당혹스러웠다. 기사는 최 시인이 지난 10년간 고시원을 전전하는 등 거의 부랑인으로 살다 죽음 직전에 친척에 의해 발견되었다고 전한다. 새삼 문학을 살해한 우리 시대의 살기와 무지가 무섭고 두려워 잠을 설쳤다.

친구들의 댓글 교감
이○○ _ 문학을 섭렵하지 않는 대학생들. 일기와 연애편지를 써보지 않은 젊은이들. 작가가 되면 굶어 죽을지도 모르는 시대. 후우~ 어쩌다 이렇게 됐지요?

꿈이 있는 사람의 '밥벌이'

MBC 서바이벌 오디션 프로그램 '신입사원'을 볼 때 마다 생각나는 대학 후배가 있다. 아나운서의 꿈을 키우던 후배였다. 뛰어난 용모에 엄청난 독서량과 빼어난 문장력, 수준급의 피아노와 기타 연주 실력, 그도 모자라 미술 실력까지 갖춰 뭇 선후배들의 시기와 질투의 대상이 되곤 했던 그야말로 팔방미인 후배였다.

그러나 후배는 끝내 아나운서가 되지 못했다. 모 공중파 방송의 아나운서 공채 최종심까지 진출하긴 했지만 결국 고배를 마시고, 더 이상 도전하지 않았다. 도전 여부를 놓고 고민하긴 했지만 기울어버린 가세를 외면할 수 없어 생업전선에 뛰어들고 말았다.

후배는 지금 전 세계를 누비며 '초코파이' 세일에 열을 올리는 글로벌 세일즈맨으로 맹활약하고 있다. 그 후배로부터 얼마 전 전화가 왔다. 통화 끝에 후배는 수줍게 한마디 했다.

"형, 저 책 한 권 냈어요. 부끄럽지만 한 번 읽어보시고, 조언해

주세요."

책 제목이 《밥벌이 마인드》다. 제목이 평소 시 쓰기를 즐겼던 '문청'의 감수성과는 매치가 되지 않았지만, 프롤로그를 읽는 순간 고개를 주억거리지 않을 수 없었다.

누구나 자신만의 꿈이 있고, 그 꿈을 이루기 위해 매진한다. 그러나 알아야 한다. 꿈은 결코 고정불변의 것이 아니며, 곧이곧대로 하나의 꿈만 좇다가는 자칫 인생을 송두리째 탕진할 수 있다. 꿈은 변한다. 동인은 다양하다. 현실적인 것이 됐든, 세계관의 변화에 의한 것이든….

책장을 넘기며 후배에 대한 내 판단도 흐려지기 시작했다. 몇 페이지쯤이었을까. 드디어 과거의 후배 대신 오늘의 후배가 반갑게 웃고 있었다. 후배는 단지 생계를 위해 꿈을 포기한 것이 아니었다. 직장이라는 새로운 도전의 장에서 새롭고 가치 있는 또다른 꿈을 발견했고, 그 꿈을 위한 도전에 기꺼이 나선 것이다.

후배의 새로운 꿈이 얼마만큼 이루어졌는지 나는 알지 못한다. 다만 확실한 건 지금의 후배는 과거 아나운서나 작가를 꿈꿨던 후배가 아니라 전 세계에 '초코파이'의 맛과 정을 퍼뜨리는 '초코파이 전도사'로서 맹렬하게 새로운 꿈에 도전하고 있다는 사실이다.

뒤늦게나마 그에게 박수를 보낸다. 그렇다. 밥벌이는 결코 추하거나 가치 없는 일이 아니다. 오히려 그 반대다. 인간이 하는 행위 중 가장 숭고하고 의미 있는 일이다.

세상살이에 기운이 빠질 때 《밥벌이 마인드》를 읽어 보길 권한다. 쓰라린 실패의 경험과 좌절의 나날들 속에서 길어 올린 고뇌에 찬 사유의 농축물을 통해 밥벌이의 의미와 삶의 의미가 새롭게 다가올 것이다.

 친구들의 댓글 공감
정○○ _ 밥값을 벌기 위해 일하는 사람들, 더구나 나 외에 딸린 식구들을 위해 움직이는 모든 사람들은 숭고합니다. 그 안에 밥벌이의 괴로움과 즐거움이 함께 합니다.

김대중의 '시일야방성대곡'

김대중 조선일보 고문이 '위암 장지연상' 반납을 고민했단다. 상의 본질은 명예인데, 주는 사람이 명예를 잃었으니 받은 사람의 명예도 추락하는 게 아니냐는 것. 일면 수긍이 간다.

《친일인명사전》 편찬 이후 나타난 혼란 중 하나다. 창졸간에 독립유공자에서 친일파로 전락한 사례는 비단 그뿐이 아니다. 사전편찬 동기의 순수성과 목적의 정당성을 생각하면 그쯤 혼란은 감내해야 할 일이긴 하다.

그럼에도 당혹스러움은 가시지 않는다. 교과서에서 배웠던 '시일야방성대곡'의 기억을 어찌 지우거나 잊을 수 있겠는가. 찾아보니 김혜자, 김선주, '그것이 알고 싶다', 엄기영, 문창극 등도 장지연상과 인연을 맺고 있다. 그 중 누구도 상의 반납을 고민했다는 얘기는 들리지 않는다.

친구들의 댓글 교감

김○○ _ 그가 시일야방성대곡을 쓸 때의 진정성은 인정할 수 있지 않나요? 장지연상은 그 정신을 잇자는 것이지 한 인물을 그대로 다 받아들이자는 것은 아닌 듯한데. 물론 쉬운 문제는 아니죠. 근데 조선일보 김대중 씨가 고민했다니. 나…원… 참….

살인의 추억 & 쿠데타의 추억

봉준호는 영화 〈살인의 추억〉을 통해 연쇄살인보다 더 두렵고 어처구니없는 우리 사회의 부조리와 모순을 신랄하게 고발했다. 덕분에 화성은 공포와 불안의 도시에서, 어쨌거나 거기도 사람이 사는 공간임을 각인시켰다.

민주당 천정배 의원이 국회 대정부질문에서 MB정권이 쿠데타를 저지르고 있다고 질타했다. MB정권이 일곱 가지 쿠데타, 즉 공안·치안 쿠데타, 경제 쿠데타, 언론 쿠데타, 교육 쿠데타, 노동 쿠데타, 생태환경 쿠데타, 역사 쿠데타를 일으켰다는 거였다.

아직도 쿠데타는 우리 현대사의 아물지 않은 트라우마 trauma 중 하나다. 그 트라우마까지 건드리며 연거푸 '독설가'를 자처하는 천정배 최고위원의 심정을 이해 못할 바 아니지만 정치인의 '워딩Wording'에 좀 더 무게가 실렸으면 하는 바람이다.

친구들의 댓글 교감
김○○ _ 그래도 할 말은 했구만요.
조○○ _ 한 가지 더요. 외교 쿠데타.

시간, 파멸과 순환의 상징

웹스터 사전에 나오는 단어 중 가장 긴 설명이 붙은 건 '시간'이다. 《시간의 문화사》에서 확인한 사실이다. 그만큼 시간은 다양한 의미와 다양한 모습으로 존재해왔다는 얘기다.

현대인은 저마다 바쁘다는 말을 달고 산다. 자신의 시간만 유난히 빠르다고 푸념하는 이도 있다. 그러나 세상에서 공평성을 유지하는 유일한 것이 바로 '시간'이다.

시간관념은 상황에 따라 달라진다. 안락한 휴일의 오후 시간은 순식간에 달아나지만, 사장님이나 교장선생님의 훈화 말씀은 5분마다 시계를 들여다보게 된다.

시간은 '파멸과 순환'의 상징이기도 하다. 그래서 1월의 이름이 '야누스'다. "신은 우리를 채찍으로 길들이지 않고 시간으로 길들인다"는 발타자르 그라시안의 말을 곱씹을 이유다.

친구들의 댓글 교감

권○○ _ 째각, 째각, 초침 소리가 무겁게 느껴지네요. 무기력하게 외면한 삶의 편린들, 가다듬을 수 없는 더께들이 몸 불리는 시간을 깨닫게 됩니다. 뜨겁게 잘 살아야 할 텐데….

김○○ _ 시간이란 지극한 아픔이기도 하고, 섬뜩하리만치 기쁜 환희이기도 하고, 가끔은 지루하다가…. 결론은 진실 되게 사는 게 옳다는 걸 일깨워주는 게 시간이란 생각이 듭니다.

바야흐로 전쟁의 시대다

자고 일어나면 전쟁이다. 후쿠시마 원전 사태의 국면이 연일 전쟁이다. 튀니지 재스민 혁명의 열기가 중동과 아프리카를 넘어 북동풍으로 변할 태세다. 내전 중인 리비아엔 결국 서구 다국적군의 폭격과 공습이 시작됐다.

국내에도 전쟁의 분위기가 엄습하고 있다. 작지만 결코 작지만은 않은 전쟁들이다. 총선과 대선의 전초전인 4.27 재보선이 그렇고, 여권은 이익공유제를 매개로 차기대권 기 싸움을 시작했으며, 친노 대표 주자를 향한 유시민·이광재의 물밑 전쟁도 점입가경이다.

바야흐로 국내외에서 크고 작은 전쟁이 벌어지고 있다. 전쟁은 피폐와 절망을 잉태한다. 또 다른 폭력을 불러온다. 악순환이다. 롤러코스터를 탄 후기자본주의가 내지르는 비명이 예사롭지 않다.

친구들의 댓글 교감
- Hyun ㅇㅇ _ 우리의 일상도 전쟁의 연속이 아닌가!! 아침에 잠을 깨서 일어나기 전쟁, 출퇴근 전쟁, 일터에서는 선의의 전쟁, 장사꾼은 돈을 벌기 위한 전쟁… 참으로 삶 자체가 전쟁이다.

즐거운 책 읽기와 그릇된 독서교육

권오길 교수의 〈인체 기행〉이 어찌나 재밌던지 고등학교 생물 교과서가 이렇게 쓰였다면 아마도 생물학을 전공하게 되었을 거라고 상상하곤 했다. 데이비드 보더니스나 리처드 파인만의 책을 읽을 때도 마찬가지였다. 문과 출신인 내게도 이렇게 쉽고 재미있는 과학책을 왜 중고등학생들은 읽지 않는 건지 의문스러웠을 정도다.

고미숙은 〈호모 쿵푸스〉를 통해 책읽기가 바탕에 깔리지 않은 학교교육은 문제가 있으며 역시 차별성만 강조할 뿐인 책읽기에 기반하지 않는 대안교육도 공허하긴 마찬가지라고 했다.

이오덕 선생의 독서교육 철학에서 배울 일이다. 아이들의 독서를 방해하는 건 어른들의 잘못된 독서지도라는 것. 선생은 "어른들의 입맛에 맞는 책을 읽게 하며, 섣불리 평가하려 드는 게 가장 큰 잘못이"라고 지적했다.

공무원 인기 상종가의 이면

2011년 9급 공무원 공채 필기시험이 평균 93.3:1을 기록했다. 7급 공채나 각종 고시에도 수험생이 몰리기는 마찬가지다. 공무원의 인기가 상종가를 치고 있는 셈이다.

새삼스런 얘긴 아니다. 공무원 하면 먼저 '철밥통'을 떠올린다. 그만큼 안정적이라는 얘기다. 사회적 인식도 개선돼 선망 직종 1위가 된 지 오래다.

이면을 살펴볼 필요가 있다. 사회건강성의 척도는 다양성이다. 직종의 다양성뿐만 아니라 사회적 선호와 지향의 다양성도 중요하다. 젊은이들의 직업 선호의 기준에는 안정성 못지않게 역동성과 장취성將就性, 도전성이 포함돼야 한다. 그래야 건강한 사회, 비전 있는 사회다.

공무원에 대한 지나친 선호는 어느덧 우리 사회에 역동성과 도전 정신이 사라졌음을 방증하는 것이다. 그래서 씁쓸하다.

친구들의 댓글 교감
김○○ _ 공감, 동감, 절감.
성○○ _ 안정성의 문제가 이젠 생존의 문제가 된 듯. "어떻게!! 살까"와 "어떻게 살까!!" 대한민국에서 홀로서기 도전은 무모한 것으로 굳어진 지 오래입니다. 홀로서기로 몰려나가 싫은 영혼들에게 무슨 죄가 있겠습니까?

그래도, 투표는 꼭 해야 한다

'폴리스 polis'에서 유래한 것처럼 '정치'는 기본적으로 공간의 문제로 인식돼야 한다. 자치단체장이나 지역 국회의원 선거는 두말할 것도 없이 그렇다.

4. 27 재보선에선 지역과 공간은 온데간데없고 정치적 수사만 난무한다. 정치 생명을 다 걸었다느니, 정권을 심판해야 한다느니…. 의원 몇 바꿔서 가능한 정권 심판이라면 그동안은 대체 뭘 한 건지? 왜 자신의 정치생명을 빌미로 시민들을 윽박지르는지 알다가도 모를 일이다.

응당 시민들은 무덤덤하다. 언제나 그렇듯 이번 선거 역시 그들에 의한, 그들만을 위한, 그들만의 놀음판이다. 그럼에도 재보선 지역 주민은 투표장으로 향해야 한다. 저들의 정치적 수사에 놀아나서가 아니라 주권 시민의 신성한 권리를 행사하는 의미에서다.

친구들의 댓글 교감

김○○ _ 지금 우리 현대 민주주의 체제에서 선거보다 더 좋은 시스템은 없지요. 민주주의가 발달할수록 개인주의가 심화되는 속에서 투표가 주권 시민으로서 행사할 수 있는 몇 안 되는 권리인데 젊은층이 구름처럼 참여해야 합니다.

명○○ _ 승자들이 가장 많이 하는 착각중 하나는 '의견을 표시하지 않은 사람들은 모두 나에게 동조하는 사람들'이라는 것이다.

나○○ _ 투표는 권리인 동시에 의무이지요. 모든 선거에서 높은 투표율이 나오길 기대하며….

대선에서 지방공약 말라는 '조선' 사설

늘 그렇지만 조선일보 사설은 참 섹시(?)하다. 어찌 그런 말도 안 되는 주장을 능청스레 펼 수 있는 건지 존경스러울 정도다.

15일 '조선'에 "여야與野, 내년 대선大選 지방 공약 말자 대타협 이루라"는 사설이 실렸다. MB정권 들어 공공기관 지방 이전 등 지역개발 대선공약이 연거푸 사단을 일으키고 있는 걸 지적하고 있는 꼴이다.

시대착오적 논조가 어이없다. 그게 어찌 대선 공약의 문제라는 건가. 공공기관 지방 이전은 노무현 정부가 추진했던 균형발전론의 일환이었다. 사단이 난 건 MB정부 들어 정책의 취지와 목표는 온데간데없고 정치적 꼼수만 난무했기 때문이다.

MB실정을 빌미로 아예 국토균형발전을 포기하라는 주문인 셈이다. 조선일보의 무식과 오만이 새삼 부럽다.

친구들의 댓글 교감

Lim○○ _ 다 알만한 X들이(사실은 다 알면서) 그러니 더 밉죠.

정○○ _ 정공으로 문제의 핵심을 해체하던 이제까지의 필체와 달리, 위트 있게 살짝 비튼 서두에서 대책 없음을 읽어낼 수 있습니다. 지방도와 국도로 다니다 눈에 들어오는 4대강 개발사업 현장을 지나칠 때마다 억장이 무너집니다.

불황에도 '명품백'은 불티

불황에도 백화점 매출은 매년 20% 이상 성장했다고 한다. 해마다 명품 소비는 22,4%, 짝퉁은 30.2% 성장했다는 보고서가 나왔다.
문득 생각나는 책이 있다. 스콧 J. 버거슨의 《대한민국 사용 후기》다. 고작 몇 개 팔리던 길거리 모자가 '미드' 주인공이 썼더라는 소문 뒤 불티나게 팔리고, 백화점 점원의 실수로 22만 원짜리 옷에 '0'을 하나 더 붙여 220만 원을 붙였더니 순식간에 매진되더라는….
착한 가격보다 비싼 가격이 어필하고, '미드'에 나왔다는 이유만으로 불티가 나는 '묻지마 소비'에 대한 스콧 J. 버거슨의 조소가 어찌나 씁쓸하던지.
현재 국내 명품시장은 5조 원 규모이며, 짝퉁시장이 15조 원이라고 한다. 명품에 대한 선호와 욕구는 여전히 식지 않을 전망이다.

친구들의 댓글 교감

Ahn○○ _ 과연 우리가 그토록 선망하는 프랑스, 이태리, 영국의 명품 브랜드 제품들이 어디서 생산되고 소비자가를 몇 배를 책정하는지 알면 그래도 여전히 갖고 싶을까요?

신○○ _ 젊은이들의 명품 소비는 노동의 희망이 사라진 것, 즉 노동자로서 취업 가능성이 희미해진 것과 더불어 설마 취직하더라도 노동의 대가로서 할 수 있는 게 별로 없다는 데서 출발한 것입니다. 특히 안정적인 잠자리 마련의 희망이 사라져 버린 후로 나타난 현상 가운데 하나입니다.

'바늘'을 삼켜 문장을 지으리라!

　중학생 시절 소설가를 꿈꾸었다. 단지 멋이었다. 동기는 오로지 이성에 대한 관심 때문이었다. 그때 나는 이성에 눈을 뜨고 있었다.
　대학생 때 역시 소설가를 꿈꾸었다. 그때는 도피의 수단이었다. 부조리한 현실로부터 도망치고 싶었다. 현실보다 더 부조리했던 내 의식의 반영이었다. 운동을 이해하지 못하는 어머니와 도무지 극복될 것 같지 않았던 가난, 무엇보다 전망부재의 삶을 살고 있다는 절망감이 자연스레 문학으로의 피난을 꿈꾸게 했었다.
　사회에 나와 한때 영화에 빠졌고, 한때 시나리오라는 돌파구를 찾은 듯했지만 여전히 나의 꿈은 소설이었다. 그러나 그땐 어떤 소설을 어떻게 써야할지 몰라 방황했고, 덕분에 애꿎은 소주병만 무수히 자빠뜨렸다.
　다시 소설가를 꿈꾼다. 이전보다 훨씬 구체적이다. 방향을 찾은 듯하고 그 방향대로 밀고 나갈 뚝심도 생긴 듯하다. 그러나 섣불리 덤비지는 않겠다. 아직 문학행 급행기차에 몸을 싣기엔 부족한 것이 많다. 가장 먼저 준비해야 할 것은 물론 용기다. 그러나 그 용기를 준비할 용기가 아직 내겐 없다.

***

천운영. 뒤늦게 만났지만 참으로 값진 만남이다. 내게, 나의 소설가의 꿈에 모종의 방향을 제시해주고 있는 그가 새삼 눈물 나게 고맙다.

"여성적 감수성, 자폐적 서정성으로 무장한 요즘 소설들은 저부터도 읽기가 힘듭니다. 문학을 잘 모르는 주변 사람들이 읽으면서 이런 삶도 있었네, 또는 내 삶과 다르지 않네, 하는 느낌을 받을 수 있는, 이야기가 있는 소설을 쓰고 싶습니다."

천운영의 말은 그동안 내 뱃속에서 꿈틀대며 속을 뒤집어놓던 기생충들이 마침내 항문을 빠져나와 변기 위에 예의 하얀 본색을 드러내고 있는 것처럼 소름 끼치는, 그러나 시원한 느낌을 줬다. 내가 꿈꾸었던 소설이 바로 그런 것이었다.

"엄마가 바늘을 가지고 옷감에 수를 놓았다면 나는 인간의 연약한 육체에 수를 놓겠다."

《바늘》에서 그가 하는 말 역시 내겐 예사롭지 않은 방향 제시어로 읽힌다. 나 역시 그렇게 한 땀 한 땀 정성 들여 혹은 무심결에 지나쳤거나 혹은 애써 외면했던 부박했던 과거 절망의 편린들에 생명의 옷을 입힐 테다.

곱사등과도 같은 현실의 산등성이 너머에 있던 내 유년의 오막살이로 매일매일 실어 나르던 절망이라는 이름의 구공탄들에 이제 희망이라는 새로운 이름의 불씨를 붙여 마침내 온 방안을 데우고도 남아 세상을 훈훈하게 해줄 열기를 만들어 낼 것이다.

몸은 그대론데 머리만 자라는 불균형, 아버지의 정자 속에 들어있던 결핵균에 감염돼 태어나기 전부터 등이 굽었던 여자아이, 육식의 포식자(할머니)와 함께 사는 피식자의 식물성에 대한 동경…. 그 모든 부조리의 살갗에 한 땀의 바늘을 꽂듯 있는 그대로 드러내는 참다운 리얼리즘의 아름다움을 때론 아프게, 그러나 진솔하게 토해낼 것이다.

뱃속 가장 깊은 곳에 들어갔다가 역겨운 냄새 풍기며 더럽게 기어 나오는 그런, 차마 속일 수 없는 더럽게 솔직한 속이 훤히 들여다보이는 문장들로 나의 집—소설—을 지을 것이다.

오랜만의 소설과 해후

　인문학의 위기, 시詩의 위기라는 말은 들어봤어도 소설의 위기라는 말은 왠지 낯설다. 소설, 특히 우리 소설문학의 위기라는 말이 근자에 심심찮게 들린다. 아니나 다를까, 인터넷 서점 등의 베스트셀러 목록을 살펴보면 소설은 국내외 작품을 막론하고 그야말로 전멸. 그 자리를 대신한 건 에세이와 자기계발서들이다.
　신경숙, 공지영, 황석영, 이문열 등 대형 작가들의 신작이 없는 것도 이유 중 하나겠지만 그걸 탓해 뭐하겠나. 사람들이 더 이상 소설을 읽지 않겠다는데 말이다. 〈조선일보〉 어수웅 기자는 문예창작과 출신 작가들의 득세를 원인 중 하나로 꼽기도 한다. 경험과 사유는 일천한데 기교만으로 글을 쓰기 때문이라는 것이다. 얼핏 일리는 있다. 그러나 그게 주된 이유라고 보는 건 무리다. 여기서 외국작가 얀 마텔의 말을 인용해 본다.

"소설의 운명은 반은 작가의 몫이고 반은 독자의 몫이다. 독자가 소설을 읽음으로써 작품은 하나의 인격체로 완성된다."

독자가 외면하니 좋은 소설이 나오지 않는다는 항변은 언어도단이다. 좋은 소설이 나오면 독자는 당연히 책을 집어 든다. 그러나 좋은 소설이 나오기 위해서는 독자들도 일정 역할을 해주어야 한다. 좋은 작가가 나올 수 있는 풍토는 독자들이 만드는 것이다. 결국 도돌이표를 그린 꼴이다.

주말에 붙잡았던 두 권의 소설, 마침 국내 작가와 외국 작가의 작품이 뒤섞였다. 다소 무리일지언정 두 권의 소설을 통해 소설 위기의 원인을 진단해 본다.

먼저 성석제의 《왕을 찾아서》다. 재출간이라는 점도 있겠지만 일단 소설의 주제 의식이나 그 주제를 다루는 방식에서 다소 진부한 느낌이다. 천하의 재담꾼이며 우리 시대 가장 '개성적인 이야기꾼'이라는 칭송을 듣는 성석제의 소설이지만 전혀 새롭지도 그렇다고 혀를 내두를 만한 입담도 느껴지지 않는다.

제재나 캐릭터 구성 면에서는 이문열의 《우리들의 일그러진 영웅》이나 은희경의 《마이너리그》를 넘어서지 못했고, 누아르적 분위기와 유머 감각에선 중국 작가 위화의 《형제》, 류전윈의 《나는 유약진이다》에 못 미치며, 시의성과 문제의식이라는 측면에선 김려령의 《완득이》만 못하다. 읽는 내내 '내가 지금 이 소설을 왜 읽고 있는 거지?' 하는 의문이 들었다.

이어서 잡은 건 《파이 이야기》로 일약 세계적인 작가의 반열에 오른 얀 마텔의 신작 《베아트리스와 버질》이었다. 홀로코스트의 만행을 우화적으로 풀어냈는데, 그게 결코 가볍거나 지루하지 않다. 무엇보다 평가하고 싶은 부분은 제재 혹은 주제의 보편성이다.

홀로코스트 만행은 국적과 상관없이 누구나 공감할 만한 주제이다. 풀어나가는 방식도 독특하다. 역사적 사건을 소재로 삼았지만 기존의 역사 해석에 얽매이지 않는다. 전혀 다른 방식으로, 전혀 다른 시각으로 풀어내려 했다는 게 아예 작가의 말에 담겨 있다. 이야기를 이끌어가는 힘은 물론 상상력에서 나온다.

얀 마텔이 결코 《파이 이야기》 한편으로 깜짝 스타가 된 작가가 아니라는 점을 이 소설은 분명하게 증명해 준다.

그 차이다. 한 권은 읽다 접어버리게 했고, 다른 한 권은 도저히 중단할 수 없게 만드는 마력을 지녔다. 성석제는 아니고, 마텔은 위대하다고 읽힐 수도 있겠지만 결코 그런 뜻은 아니다. 다만

두 소설에 대한 개인의 취향과 선호를 드러냈을 뿐이다.

다시 우리 소설의 한계와 문제점, 그로 인한 위기를 짚어 본다.

신경숙의 《엄마를 부탁해》가 밀리언셀러가 된 이유는? 바로 보편성을 파고들었기 때문이다. 신경숙의 소설은 누구나 공감할 만한 이야기, 즉 모성에 대한 핍진한 고뇌의 산물이라는 것을 독자들 역시 알아차렸을 것이다. 공지영의 《우리들의 행복한 시간》 역시 사랑과 상처, 사형제도 등 누구나 관심을 가질 만한 보편적 정서와 보편적 관심사를 다루었다는 면에서 《엄마를 부탁해》와 다르지 않다.

아무리 책을 읽지 않는 세상이라고 하지만 독자들은 결코 어리석지 않다. 알만한 건 다 안다. 어떤 작가의 어떤 작품이 읽을 만한 것인지, 그렇지 않은지…. 성석제를 불쏘시개로 써가며 얀 마텔을 띄우려는 의도로 이렇게 쓰는 게 아니다.

보다 넓고 보다 깊게, 그리고 무엇보다 인간이면 누구나 관심을 갖게 마련인 보편적인 이야기를 다룬 우리 소설을 보고 싶다는 이야기다.

엉터리 영어도 이쯤 되면 예술?

우리 사회에서 대통령의 말실수가 시중의 유행어로 떠오르거나, 코미디의 소재가 된 지 그리 오래지 않다. 오랜 기간 권위주의 정권들에 의해 언로가 차단돼 왔던 탓이다.

김영삼 정부 들어 조금 달라졌다. 대통령의 말실수가 언론을 통해 흘러나오기도 했고, 때론 TV 코미디 프로그램에 등장하기도 했다. 역설적이게도 김영삼 정부는 동맥경화 직전의 언로를 개방시켰다는 점에서 우리 사회의 민주화에 '확실하게' 기여한 셈이다.

지금 다룰 얘긴 우리나라가 아닌 미국 대통령의 말실수를 꼬집는 책이다. 《미 제43대 대통령 조지 W. 부시의 엉터리 영어》라는 독특한 제목의 이 책에서 저자는 지난 몇 년간 부시 대통령이 공식 석상에서 내뱉은 수백 가지 '망가진 영어'를 철저하게 해부하고 있다.

부시의 말실수를 물고 늘어져 그의 위신과 체면을 깎아내릴 의도만으로 쓰인 것은 아니다. 저자는 "부시의 저급한 영어에 배어 있는 비이성적·비논리적·자기중심적 세계관과 그릇된 정치적 사고는 현재 미국을 지배하고 있는 세력의 실체를 맛보게 해주는 소재가 될 것"이라고 주장한다.

저자는 "부시의 엉터리 영어 저편에는 지적 호기심이 전무한 한 인간의 무관심과 빈곤한 사고력이 있으며, 제대로 다듬어지지 않은 세계관 속에 둥지를 틀고 있는 백인적 우월감과 편견, 보복심, 그리고 온당치 못한 힘의 논리가 있다"고 전제한다.

한편 미국에서는 부시의 엉터리 언어를 수집한 소위 부시이즘 Bushism이 하나의 산업이 됐고, 그가 공식석상에서 내뱉은, 말 안 되는 말들을 수록한 책들이 베스트셀러로 팔려나가고 있다.

*****

Is our children learning?
우리의 아이들이 공부 잘 하고 있습니까?

책의 맨 앞에 소개된 부시의 대표적 엉터리영어 사례다. 우리나라의 중학생 정도만 되도 구분할 수 있는 단·복수에 대한 분별력도 없는 게 바로 엉터리 영어의 백미다.

First, let me make it very clear, poor people aren't necessarily killers. Just because you happen to be not rich doesn't mean you're willing to kill.

가난한 사람들이라고 꼭 살인자는 아니고, 부자가 아니라고 해서 사람을 죽이려는 마음을 갖는 것은 아니다.

2003년 5월, 아로요 필리핀 대통령과 가진 공동 기자회견에서 한 말이다. 결국 이 말은 "가난한 사람들이라고 해서 꼭 살인자는 아니지만 대다수가 그렇고, 부자가 아닌 사람들이 다 사람을 죽이려는 마음을 갖는 것은 아니지만 대다수는 그렇다고 생각한다"는 뜻이 된다.

어쩌면 이 말은 실수가 아니거나 고의적인 실수일 가능성이 있다. 그만큼 부시는 자신이 속한 백인들만의 특권사회에 안주하며 다른 세상, 다른 인종, 다른 환경에 놓인 사람들에 대한 이해수준이 형편없이 낮다.

그것을 증명하는 예는 얼마든지 있다. 가령, 카르도소 브라질 대통령에게 "여기에도 흑인이 있습니까? Do you have blacks too?"라는 가당찮은 질문을 던지기도 한다(브라질 인구의 40% 이상이 흑인이다. 부시가 과연 그것을 모르고 이런 질문을 던졌을까?).

심지어는 멕시코에서 쓰는 언어를 두고 "Mexican('멕시코인'이라는 뜻. 멕시코의 언어가 Spanish라는 것쯤은 중학교 수준의 상식에 속한다)"이라고 말하는 것은 분명 '상식 부족'이라는 말로는 설명되지 않는 가난한 나라—혹은 대륙—와 가난한 나라의 사람들에 대한 중대한 심리적 적대행위의 표현인 것이다.

***

그 외에도 황당한 부시 어록은 수두룩하다.

If we blew each other up, the world would be safe.
우리가 서로를 폭파시켜버리면 세상이 안전해질 것이다 _2001년 5월 1일, 워싱턴 DC에서

We need an energy bill that encourages consumption.
우리는 소비를 조장하는 에너지 법안이 필요합니다. _2002년 9월 23일, 뉴저지 주 트렌턴에 있는 주 방위군 항공지원 기지에서

When Iraq is liberated, you will be treated, tried and persecuted as a war criminal.
이라크가 해방되면, 당신은 치료를 받고, 재판을 받고 전범으로 박해당할 것이다. _2003년 1월 22일, 워싱턴 DC에서

PART
02

관계...
너와 나의 인문학

사람을 탐구하는 인문학은 관계의 학문이다.
세상 모든 일들은 관계를 통해 이루어지고 관계를 통해 해소된다.
양극화 시대, 사회 시스템과 빈곤 계층 간의 관계에 우리 모두 관심을 기울여야 한다.

인문학은 '관계'다

사람은 곧 관계이다. 사람을 탐구하는 인문학은 관계의 학문이다. 세상 모든 일들은 관계를 통해 이루어지고 관계를 통해 해소된다. 빈곤 문제도 마찬가지다.

정치경제학적으로 빈곤은 기회의 문제이며, 분배의 문제이다. 그러나 인문학적 관점에서 볼 때 빈곤은 분배나 기회의 문제가 아니라 '관계의 문제'이다. 따라서 양극화 시대, 지식인의 역할은 사회 시스템과 빈곤 계층 간의 관계를 연구해야 한다.

최근 주목받고 있는 사회적 배제 이론 Social exclusion theory에서는 "기존의 화폐 중심적인 빈곤 개념에 반하여 빈곤을 초래하는 원인의 다차원성과 동태적인 프로세스 poverty as process에 주목하면서 빈곤을 분배적 문제로부터 관계적 문제로 바라볼 것"을 강조한다.

친구들의 댓글 교감

Hwang ○○ _ 거시적인 틀의 마련은 정치경제학적으로, 그에 대한 접근과 극복은 인문학적 '관계'(?)의 문제로. 두 가지 모두 중요하다는 생각이 듭니다.

우○○ _ 보수적 퍼퓰리스트들이 빈곤 계층에 관심을 갖는 이유, 이론가들이 빈곤 계층에 관심을 갖는 이유?! 차라리, 가난 구제는 나라도 못한다는 우리 조상들의 체념의 변이 더 순수해 보이네요.

인문학은 '연대'다

지난 6월 11일 토요일. 전국 각지의 '희망버스'가 한진중공업에 도착했다. 노조원과 가족들은 감격의 눈물로 맞아주었고, 사측은 경찰과 용역 깡패를 불러 문을 틀어막았다.

백기완 선생과 문정현 신부가 하늘에서 내려온 사다리를 타고 공장 담을 넘었다. 젊은이들이 그 뒤를 따랐다. 크레인 위의 김진숙 씨는 손을 흔들어 환영해주었고, 어린아이를 끌어안은 노조원 가족들은 눈물을 연신 흘렸다.

언론에선 4백, 8백 명 등 참가 인원을 놓고 의견이 분분했지만, 그 날 그 자리에 모인 사람들은 숫자가 아니라 가슴과 가슴으로 연대했기에 수를 헤아리는 건 무의미한 일이었다.

"위로는 우산을 들어주는 게 아니라 함께 비를 맞는 것"이라는 신영복 선생의 글을 떠올릴 무렵, 깊어가던 어둠이 어느새 저만치 물러서고 희망의 신새벽이 밝아왔다.

친구들의 댓글 교감
- 김ㅇㅇ _ 잘 읽고 갑니다.
- 박ㅇㅇ _ 함께 비를 맞는 게 위로라는 말이 가슴에 남네요.^^

워렌 버핏의 소박함 혹은 옹졸함

국내에 잠시 머문 워렌 버핏의 행보가 화제다. 비교적 저렴한 호텔 방에 묵었고 식사는 주로 햄버거와 콜라로 해결했다. 그가 세계 최고의 부자라는 걸 생각하면 분명 소박한 행보로 볼만하다.
그러나 달리 볼 수도 있지 않을까. 로마에 가면 로마법을 따라야 한다는 식의 무식한 강제를 말하는 게 아니다. 다만 최소한 특정 국가에 갔으면 한 번쯤 그 나라의 음식을 찾는 미덕을 발휘할 수 없었을까, 아쉬움이 든다.
버핏은 한국에 지갑은 열었을지 몰라도 마음은 열지 않았다. 못 믿을 한국 음식을 먹느니 차라리 햄버거와 콜라로 때우려 했던 건 아닐까. 전라도 사람이 경상도 음식을 즐기지 않듯, 그는 어딜 가나 햄버거나 콜라 맛은 그대로라는 생각을 가졌을까. 이 역시 옹졸한 생각이겠지만….

친구들의 댓글 교감
- Lim○○ _ 맥도널드와 코카콜라는 버핏이 주식을 갖고 있는 회사라는데요. 아마 간접홍보였을 듯. 혹시 질레트 면도기 간접광고도 했을 것 같기도 하고요. 현인이 아니라 투자 잘하는 자본가라는 건 바뀔 수 없지 않을까요?
- Jung○○ _ 짠돌이라 그런가요? 아니면 우리나라 햄버거가 자기 나라 햄버거보다 맛나서 그런 것인가요?

'블레이드 러너'와 방사능비

리들리 스콧의 〈블레이드 러너Blade Runner〉. 그 기억 코드는 단연 칙칙함과 어둠, 음습함이다. 햇빛은 한 번도 비치지 않고 시종 칙칙하다. 그 칙칙함이 영화 전체를 지배한다.

분명 낮인 것 같은데도 화면은 항상 어둡다. 수시로 비가 내린다. 음습, 불안, 우울의 극치다. 감독은 굳이 왜 그런 분위기를 연출했는지 설명하지 않는다. 관객 역시 그걸 묻지 않는다. 그냥 그러려니 하면서 스크린 속으로 빨려 들어갈 뿐이다.

오늘 아침 날이 어둡다. 해가 떠올랐을 시간인데도 어둡고 음습하다. 불안하다. 싫다. 후쿠시마 원전 사고 여파로 방사능비가 내릴 가능성이 있다는 예보를 들었다. 갑자기 '블레이드 러너'가 떠올랐다. 영화의 배경은 2019년이었지만, 지금 현실은 2011년이다.

친구들의 댓글 고감

이ㅇㅇ _ 비 오는 거리가 일본풍이었던 거 기억나세요? 게이샤 같은 일본 여자가 건물 옥상 광고판에 나오고, 유카타 같은 패션에 사무라이 헤어 스타일에… 지금 생각하니 참 기묘한 일치네요. 리들리 스콧의 예지력인가?

서ㅇㅇ _ 블레이드 러너와 방사능 비라 묘하네요. ㅎ

명ㅇㅇ _ 2019년엔 블레이드 러너의 상황이 정말 상상 속의 먼 미래 일이 아니라 그야말로 현실이 될 것 같아요.

김진숙 고공 농성 100일째

100일째다. 김진숙 씨가 한진중공업 영도조선소 85호 크레인에 올라간 지 오늘로 꼭 100일째다. 85호 크레인은 2003년 고 김주익 열사가 129일간 고공농성 끝에 자살했던 곳이다.
김진숙 씨가 직접 쓴 '김주익 열사 추모사'에 이런 구절이 나온다.
"자본이 주인인 나라에서, 자본이 천국인 나라에서, 어쩌자고 인간답게 살고 싶다는 꿈을 감히 품었단 말입니까? 어쩌자고 그렇게 착하고, 어쩌자고 그렇게 우직했단 말입니까?" _《소금꽃나무》121쪽.
바라건대 '129일의 김주익'과 '129일의 김진숙'이 만나는 일은 없기를 바란다. 또 다시 누군가 '어쩌자고'를 되뇌는 김진숙의 절규를 답습하는 일이 없기를 바라고 또 바란다.
어쩌자고, 어쩌자고, 어쩌자고….

친구들의 댓글 교감
성○○ _ 인간이기를. 소박한 꿈이 허황된 꿈이라니… 아프지 말아야 할 이유로 아픈, 슬픔입니다. 힘내시라고 응원할 도리 밖에요.
차○○ _ 음~ 누군가는 올라가서 농성 중이고 또 누군가는 길가에서 노숙 농성 중이고 그리고 또 누군가는 자신의 목숨을 걸고 단식 중인~ 가슴이 너무 먹먹하고 뭐라 응원해야 할지, 어떤 이야기를 해야 할지 잘 모르겠습니다.

네슬레, 제스프리의 불공정 거래

소아과 의사 아옌데가 정치에 뛰어든 이유는 굶주리는 아이들을 구제하기 위해서였다. 남미에서 유제품을 독점 공급하던 '네슬레'에겐 아옌데가 눈엣가시일 수밖에 없었다. 분유 무상공급 공약을 내세웠기 때문이다. 결국 네슬레는 CIA와 공모, 아옌데 대통령을 몰아내는 데 성공한다.

장 지글러의 《왜 세계의 절반은 굶주리는가》에 등장하는 이 이야기는 '워싱턴 컨센서스'와 '신자유주의의 폐단'을 단적으로 보여준 사례로 꼽힌다.

국내에서도 독점의 횡포가 재현될 조짐이다. 뉴질랜드 키위 공급업체인 '제스프리'가 국내 대형할인점들과 공급 계약을 맺으면서 칠레산 키위를 팔지 말라는 조건을 달았다고 한다. 시장에서의 독점적 지위를 악용한 불공정 거래의 표본이다. 그들도 참 한심하다.

친구들의 댓글 교감

박○○ _ 자본주의 자체가 한심한 체제인데요. 뭐. ^^

정○○ _ 제스프리는 한국 키위 농가와 협약을 맺고 있는데요, 한국에서 키위가 생산되지 않는 계절에 제스프리가 공급하기로. 여기에 칠레가 파고들었다면, 매우 의미심장한 상황이네요. 제스프리와의 협약에는 정운천 전 농림부장관이 개입했죠.

Lim○○ _ 네슬레는 이래저래 나쁜 기업이군요. 아프리카 분유 사건에서도 매우 무책임했었지요.

인사가 만사, 망사?

"YS는 아는 게 없으니 그 앞에서 아는 체만 좀 하면 곧 중용한다는 소문이 파다해 강호의 인재들이 몰렸고, DJ 앞에서는 아무리 아는 체를 해봐야 통하지 않으니 인재는 간 데 없고 가신만 나부끼더라"

십수 년 전 〈신동아〉 기사가 생각난다. YS 앞에서 교수 출신으로는 유례없이 충성서약까지 하고서 그 덕분에 정치에 입문했다는 사람이 근래 자주 인구에 회자되고 있기도 하다.
"왕이 자신의 이발사, 요리사, 의사는 강호의 최고수를 쓰면서 왜 관료는 능력과 덕을 묻지 않고 가신 중에서 쓰는지 참으로 알다가도 모르겠다"는 고전의 일침도 생각난다.
아무튼 인사는 만사이기도, 망사이기도 하다.

친구들의 댓글 교감
은○○ _ 덕장은 교과서에 남고 용장은 기억에 오래 남지 않습니까.
성○○ _ 250% 동감하는 이야기입니다. 이 이야기는 정치권에만 적용되는 것이 아닌가 봅니다. 저는 전 직장에서 강희제와 조조를 연달아 겪어 봤습니다. 참 적응하기 어렵더군요.

'오디세이 새벽'이라고?

리비아를 공격한 서방 다국적군의 작전명 '오디세이 새벽Odyssey Dawn'은 난센스다. 작전을 주도한 사르코지로선 영웅 오디세이를 떠올렸을지 모르나, 사실 그는 폭군 아가멤논Agamemnon에 가깝다. 더구나 이번 작전은 종전이 아니라 지리한 전쟁의 시작을 알리는 신호탄이다. 단기간에 마무리될 것 같지 않다는 얘기다. 가다피가 결사항전을 외치는 것으로 미루어 지상군 투입을 고민해야 할 것이며, 그것은 곧 트로이 공성전攻城戰의 재연일 수밖에 없다.

아무려나 이번 작전의 최대 피해자는 리비아 국민들이다. 차악을 몰아내기 위해 최악을 받아들이는 위악을 감내했으니 말이다. 외세에 의한 해방은 손으로 물을 쥐는 것과 같다. 스스로 해방을 쟁취하지 못했던 우리의 역사적 경험이 주는 아픈 교훈이다.

친구들의 댓글 교감

한○○ _ 리비아 국민 의사와는 아무 상관이 없어요. 다국적군이라는 이름으로 도와줍네 하며 그냥 들어오는 건데요.

차○○ _ 음~ 제가 생각하는 다국적군은 도움을 주기보다 자신들의 잇속을 채우기 위함이 훨씬 많다는 생각이 듭니다. 그들은 점령군으로 행동할 위험이 크지요.

유○○ _ 자유를 앞세워 전쟁판을 벌였더니 남은 건 살육의 광기뿐이었던 예가 그리 오래전 일이 아니었을 텐데….

제2의 맨해튼 프로젝트가 필요한 때

1939년 뉴멕시코 로스알라모스에 세계 최고의 천재들이 모여들었다. 맨해튼 프로젝트를 위해서였다. 그중엔 낯익은 이름이 많다. 오펜하이머 Oppenheimer, 닐스 보어 Niels Bohr, 페르미 Fermi, 파인만 Feynman, 폰 노이만 Von Neumann 등등.

6년 후 일본의 히로시마와 나가사키에 원자폭탄이 투하됐다. 천재들은 자신이 한 일이 무엇인지 뒤늦게 깨달았고 괴로워했다. 돌이킬 수 없는 일이었다. 원자폭탄은 이미 과학자들의 통제를 벗어나 있었다. 66년 후 역시 일본에서 원전이 폭발했다. 대지진과 쓰나미 여파였다. 반세기 전 악몽이 재연될 조짐이다.

다시금 세계의 천재들이 머리를 맞대야 할 때가 온 듯하다. 무기 개발이 아니라 원전을 제어하거나 새로운 에너지를 찾아내기 위해서다. 제2의 맨해튼 프로젝트가 필요하다.

친구들의 댓글 교감
권○○ _ 제약 안에서도 전하고픈 이야기를 응축하는 최 선생님의 힘이 너무 부럽습니다.

정권은 유한해도 '모피아'는 영원하다?

저축은행 사태가 일파만파 커지면서 새삼 주목받는 이들이 있다. 표면상으로는 금감원이나 금융위 사람들 얘기로 보이지만 이면에는 '모피아'라는 뿌리가 있다.

모피아Mofia라는 용어는 재무부 MOF와 마피아 Mafia의 합성어이며, 정계는 물론 금융계를 쥐락펴락하는 그들의 막강한 영향력에 대한 비판적 시각의 반영이다.

모피아는 정권이 바뀌어도 죽지 않는다. 모피아의 계보도는 무림계파를 방불케 한다. 박정희 시대의 '서강학파', DJ 시절의 '학현학파(변형윤 교수)', 노무현 정권의 '이헌재 사단'까지….

작금의 사태 해결을 위해서는 금감원, 금감위 개혁은 물론 '모피아'를 견제할 장치 마련이 시급하다. 핵심은 정권의 '회전문 인사'를 폐기하는 것일 게다.

친구들의 댓글 고감
- 이ㅇㅇ _ 고시제도를 철폐하기 전에는 모피아 척결이 안 되겠더군요.
- 최ㅇㅇ _ 모피아니 뭐니 이야길 하면 뭣 하려구요? 이건 전관예우라는 법조계의 비리보다 더 못된 일입니다.

책의 날, 새삼 신영복 선생을 기억하다

특별히 관심을 갖지 않으면 모르고 지나치는 기념일들이 있다. 여성의 날(3월 8일), 물의 날(3월 22일), 부부의 날(5월 21일), 인권선언기념일(12월 10일) 등이다. 소중하고 중요한 기념일들이지만 언론에서 호들갑을 떨지 않으면 대부분 의미는커녕 존재조차 모르고 지나치는 경우가 많다.

나에게 있어 책의 날이 그렇다. 명색이 책과 관련된 일을 하고 나서부터 4월 23일 '세계 책의 날'은 이제 뭔가 기념할 만한 일을 해야 하는 중요한 날로 자리 잡았다.

별반 알아주는 사람들은 없지만 나름대로 책의 날을 기념해 보기로 했다. 우선은 '책이란 우리에게 어떤 의미인가?'라는 제법 진지한 질문을 던져보는 것으로 시작했다. 그리고 그 진지한 질문의 해답을 찾기 위해 신영복 선생님의 말씀과 글을 따라가 보았다.

신영복 선생님이 경기 지역의 시민사회단체 회원들을 대상으로 '우리 시대의 현실과 전망'이라는 주제의 특강을 한 적이 있다. 선생님의 강의는 아직껏 전망을 고민하고 있는 나에게, 그리고 160여 명의 시민사회단체 활동가들에게 실천적 삶의 의미와 중요성을 일깨워 주었다.

신영복 선생님의 강의를 직접 들은 건 그날이 처음이었지만 마치 오래전부터 들어온 듯한 착각이 들었다. 이유는 선생님의 책들 때문이었다. 평소 책을 통해 접해왔던 선생님의 사색과 단상들을 직접 확인하는 즐거움은 컸다.

특강을 기획할 때는 '우리 시대의 현실과 전망'이라는 다소 거창하고 무거운 주제로 정했지만 선생님은 "제가 감히 말할 있는 주제가 아닌 듯하다"면서 평소 신념으로 삼고 있던 관계론에 대한 강의를 시작했다.

***

강의 내내 선생님은 자신의 저서 《강의, 나의 동양고전독법》의 행간들을 종횡무진 오갔다. 더불어 나는 《감옥으로부터의 사색》, 《더불어 숲》, 그리고 《나무야 나무야》의 단상을 다시금 떠올렸다.

강의 중간마다 구체적인 설명을 필요로 하는 대목이 나오거나 무거워진 분위기를 바꿀 때마다 선생님은 예의 '징역살이의 경험'을 풀어놓곤 했다. 책으로 읽었을 때와는 비교할 수 없는 감동을 받았다. 징역살이라는 극단적인 고통 속에서 오롯이 길어 올린 촌철살인의 단상들을 담담하게 들려주는 선생님의 표정은 자못 비장했지만, 듣는 우리는 웃음을 떠올릴 정도로 편안한 시간이었다.

'일하는 사람의 그림은 다릅니다. 제가 징역살이를 할 때 만났던 한 노인 목수는 집을 그릴 때 지붕이 아니라 주춧돌부터 그립니다. 그가 집을 그리는 순서는 집을 짓는 순서였습니다. 제 자신이 부끄러웠습니다. 관념이 아니라 구체적인 삶의 현실을 산 사람은 생각하고 행동하는 것부터가 이렇게 다릅니다.' _《나무야 나무야》 90~91쪽

강의의 전체적인 주제는 《강의》에 대한 설명이라고 볼 수 있다. 그것은 다시 '관계론'으로 정리된다. 《강의》에 대해서는 마침 오래 전에 써두었던 글이 있어 부분적으로 인용해 본다.

***

새삼 화두는 '관계론關係論'이다. 서구의 근대사상인 존재론存在論과 대비되는 동양고전의 관계론에 주목하는 것이야말로 현실의 준거準據를 찾는 일이며, 미래의 대안代案을 모색하는 일이다. 근대로 표현되는 서구의 사상은 개인의 성취 동기가 역사 발전의

주요한 동인으로 작용해서 필연적으로 경쟁과 탐욕과 착취와 소외의 고리를 형성할 수밖에 없었다. 그에 반해 동양고전에 담긴 관계론적 사상은 사회통합과 개인과 집단 사이의 조화와 균형의 필요성을 일깨우는 '탈근대'의 사상이라고 할 수 있다.

따라서 우리는 '오래된 미래'라는 역설적인 표현 속에 담긴, 그러니까 '오래된 과거로부터 현재와 미래를 위한 지표를 세울 수 있다'는 점에 주목해야 하고 그것은 곧 동양고전에 대한 재해석을 통해 가능한 일이다.

결론적으로 동양사상은 과거의 사상이면서 동시에 미래의 사상이다. 따라서 우리가 동양의 고전을 읽어야 하는 이유와 근거는 분명하다.

첫째, 근대사회의 기본 구조를 새로운 구성 원리로 바꾸어 내는 담론을 형성해야 하기 때문이다. 둘째, 우리나라가 통일되는 과정에 대해서도 심도 있는 논의가 필요하기 때문이다. 셋째, 이것은 철학적 주제로서의 화和(공존과 평화의 논리)와, 동同(지배와 억압, 흡수와 합병, 존재론, 강철의 논리)에 관한 논의이기도 하다. 더불어 이것은 20세기를 성찰하고 21세기를 전망하는 일이면서 동시에 우리의 민족문제를 세계사적 과제와 연결시키는 일이기 때문이다

***

신영복 선생님이 강의 내내 강조한 것은 바로 '자기인식'과 '성찰'의 중요성이었다. 올바른 사회적 실천은 올바른 사회인식에서 나온다. 올바른 인식을 위해서는 먼저 우리 사회와 우리 시대에 대한 냉정한 성찰이 있어야 한다. 이 이야기는 다시 《논어》의 지知이고 '知는 곧 知人'으로 인간을 아는 것이다.

존재론에서 관계론으로, 무엇보다 자기 자신에 대한 올바른 성찰과 인식을 바탕으로 늘 낮은 자세로 사회적 실천을 고민해야 한다는 선생님의 죽비와도 같은 말에 나는 그만 넋을 놓고 집중했다. 강의의 결론은 '실천적 관계론으로서의 연대連帶의 중요성에 대해 깊이 인식하자'였다.

'만물을 이롭게 하면서도 다투지 않는 물水善利萬物而不爭'처럼, 그리고 '모든 사람들이 싫어하는 낮은 곳에 처해야處衆人之所惡'만 비로소 실천적 삶의 의미를 이해하는 것이라는 말이 지금까지도 나를 일깨운다. 문득 《감옥으로부터의 사색》의 한 대목이 마음에서 꿈틀댄다.

"이 모든 사색이 머릿속의 관념으로서만 시종始終하는 것이고 보면, 앞뒤도 없고 선후도 없어 전체적으로는 공허한 것이 되고 맙니다. 그렇지만 나는 나의 내부에 한 그루 나무를 키우려 합니다. 〈…〉 이 나무는 나의 내부에 심은 나무이지만 언젠가는 나의 가슴을 헤치고 외부를 향하여 가지 뻗어야 할 나무입니다." _ 59쪽

이런 생각을 해본다. 선생님이 심은 나무가 자라나 가지를 뻗어 다른 사람들의 가슴에도 분양될 것이라고. 그래서 더 많은 사람들의 가슴에도 선생님의 나무가 무럭무럭 자랄 거라고.

그리고 또 이런 생각도 해본다. 신영복 선생님이 자신의 내부에 심은 나무야말로 진정한 시대의식이며 진정한 책의 의미라고. 그 모든 사람들의 가슴에 돋아난 나무들이 자라나 '더불어 숲'을 이룰 때가 바로 살맛 나는 참 세상이 온 것이라고.

이것으로 '책의 날' 기념은 충분했다. 책의 날에 저절로 떠오르는 살아 있는 '책의 정신'이자 '시대의 스승'이 있고, 그의 정신을 직접 확인하고 새삼 음미할 수 있었으니, 이보다 확실한 책의 날 기념식이 어디 있겠는가?

하지만 무엇보다 중요한 것은 기념이 아니라 실천이다. 어느덧 가슴에 심은 한 그루 나무를 올곧게 키우기 위한 실천 말이다.

결혼은 미친 짓?
―이 시대 결혼에 대한 발칙한 생각

"아빠, 우리 집엔 왜 엄마 아빠 결혼사진이 없어?"
"응, 그게 말이지…."

다정이(큰딸)가 유치원생일 때 한 느닷없는 질문에 말문이 막혔다. 그날 저녁 아내와 상의했다. 나는 다짜고짜 결혼식을 올리자고 했고, 아내는 여유가 없다며 사진이나 한 장 찍자고 했다.

내 고집이 아내의 우려를 눌렀다. 인간관계가 좋았다면 비용을 쓰고도 남는 장사(?)가 될 거라는 주변 사람들의 부추김에 귀가 솔깃했다. 그동안 주변의 대소사에 힘을 보탰기 때문에 나름대로 믿는 구석도 있었다.

결혼을 앞두고 갑자기 악재가 겹치는 바람에 어쩔 수 없이 미뤘던 결혼식이었다. 그러니 부끄러울 것도 없었다. 까짓 아예 당당해지자는 뜻에서 청첩장의 '모시는 글'부터 아주 솔직하게 썼다.

"어느 날 딸아이가 물었습니다. '엄마 아빠 결혼사진은 왜 없어?' 아내와 저는 상의 끝에 아이들에게 결혼사진이 아니라 엄마 아빠의 진짜 결혼식을 보여주기로 했습니다. 뒤늦은 결혼이시만 부디 오셔서 축하해 주시기 바랍니다."

우리 아이들에게 엄마 아빠의 결혼식은 곧 자신들의 결혼식이기도 하다. 아이들 역시 결혼식의 주역이었다. 예쁜 드레스에 살짝 화장까지 하고 웨딩마치에 맞춰 꽃가루를 뿌리며 앞장서 행진하던 아이들의 모습은 지금도 웃음을 짓게 한다.

결혼식 후 아이들은 대학 후배들이 부른 축가, 동물원의 '널 사랑하겠어'를 한동안 입에 달고 다녔다. 누군가의 결혼식에 갔다 오면 어김없이 품평회를 한다.

"엄마, 00삼촌 결혼식은 우리 결혼식보다 손님이 더 많네. 아빠, 우리 결혼식 때도 케이크 자르는 거 하지 그랬어?"

이후 우리 부부의 결혼기념일은 우리 네 식구 모두의 결혼기념일로 자리매김했다. 그렇다고 해서 뭐 특별하거나 거창한 이벤트를 하는 것은 아니지만….

***

늦깎이 결혼식 후 맞은 첫 번째 결혼기념일에 읽은 책이 하필

이면《결혼은, 미친 짓이다》의 개정판이었다.

굵은 다리 사이로 하얀 팬티가 살짝 드러나 보이는 단발머리 여자가 책을 높이 받쳐 들고, 늘어진 넥타이만큼이나 추레하게 잠들어 있는 옆 사내를 훔쳐보는 독특한 표지.

혹시나 '당신의 결혼생활도 참 고달프고 권태롭군요'이라고 섣부른 오해는 말길. 청탁이 들어온 칼럼의 주제를 고민하다 '결혼'이라는 말이 들어간 책을 찾은 것 뿐이다. 동명의 소설을 화면으로 옮긴《결혼은, 미친 짓이다》라는 영화를 본 기억과 함께 정작 원작 소설은 읽어보지 못했다는 데까지 생각이 미쳤다.

확실히 영화보다는 책이 나았다. 깊이도, 볼륨도 훨씬 깊고 컸다. 세태에 대한 작가의 '냉소'와 '조롱'도 더 확연하게 드러나는 것 같았다. 제목에 대한 새로운 이해도 생겨 책을 읽은 후로 절대 그냥 '결혼은 미친 짓이다'라고 쓰지 않는다. '결혼은' 다음에 반드시 쉼표를 찍어서 '결혼은, 미친 짓이다'라고 써야 소설의 의미가 제대로 살아난다는 것을 알았다.

소설은 결혼을 비롯한 모든 '규격화된 삶'에 대한 '냉소'와 '조롱'이 주제를 이룬다. 따라서 제목에 쓰인 '결혼은'이라는 말은 곧 '정의는, 진리는, 사랑은'으로 환치될 수 있는 말이기도 했다. 그러나 절대 간과해서는 안 되는 중요한 것이 있다. 이 소설이 규격화된 삶에 대한 '냉소'와 '조롱'일망정 결코 '부정'이나 '거부'는 아니라는 사실. 이쯤에서 소설의 의미를 한마디로 응축하고 있는 작가의 말을 옮겨 보자.

"나는 모든 독점적인 것, 권위적인 것, 성스러운 척하는 것이라면 어느 것이든 어느 계층이든, 웃음과 농담의 대상으로 삼아보고 싶다. 나는 그들을 웃기거나 비웃어주고 싶다. 〈…〉 너무 많은 사람들이 결혼에 대한 환상을 갖고 있다. 그래서 각자의 결혼생활을 거짓으로라도 미화시키거나 편협한 도덕론으로 묶어놓기에 바쁘다. 특히, 경제적 손익계산표를 바탕으로 한 거래이면서도 마치 순수하게 사랑하는 척하는 위선이 젊은이들 사이에서 만연되고 있다. 그런데도 결혼이 아주 성스러운 것인 양 치장된다. 결혼에 대한 이러한 환상은 우리를 도리어 억압하는 기제로 작용하는 게 아닐까?"

***

여기서 한 가지 의문이 생긴다. 결혼을 비롯한 모든 사회적 규범들에 대한 지나친 냉소는, 따지고 보면 '읽지 않은 책에 대한 알은체이거나 가지 않은 길에 대한 섣부른 예단'이 아닐까 하는 의문, 혹은 의혹 말이다. 작가 역시 기혼자이지만 그렇다고 해서 결혼의 의미를 온전히 알고 있는 건 아닐 테니까.

그런 혐의가 부담스러웠던 걸까? 시종 결혼을 냉소와 조롱의 대상으로 삼더니 책의 뒤로 가서는 느닷없이 그러한 냉소와 조롱은 어쩌면 현실에 맞설 용기가 부족했기 때문에 생긴 것일지도 모른다는 '반성'의 말이 등장하고 있으니 말이다.

"이제야 나는 깨닫는다. 사진 속의 삶은 그녀가 가보고 싶었던 또 하나의 길이라기보다는, 그녀와 내가 갔어야 했던 길임을. 그러나 우리에겐 그 길을 갈 용기가 없었다. 가야 했는데 가지 못한 비겁함, 가고 싶었던 길을 가지 않은 죄책감, 이 행복에 겨워 보이는 사진들 뒤에 정말 가려져 있는 것은 바로 그런 쓸쓸함, 그런 뉘우침이 아닐까? 그것이 그녀가 굳이 자신과 나의 모습을 현실적으로는 백해무익하기만 한 사진이라는 형식으로 남겨두려 한 이유가 아닐까?"_233쪽

자고 일어나니 아이들이 그려놓은 그림 두 장이 머리맡에 놓여 있었다. 어쩌면 엄마 아빠를 그리도 우스꽝스럽게 그렸는지. 아이들의 그림에는 일정한 패턴이 없다. 그저 보고 느낀 대로 그릴 뿐이다. 진중권의 《미학 오딧세이》에 나오는 말이었나?

"아이들은 본 것을 그리지만 어른들은 관념을 그린다."

본말전도

 막노동꾼 김 씨는 가진 게 없는 사람이다. 가족과 재산은 물론 마땅한 직업마저 없어서 노동현장을 기웃거리며 막일로 생계를 잇는다. 가족이 없으니 일하는 시간 외엔 딱히 할 일도 없다. 김 씨의 유일한 벗은 술뿐이다.
 어느 날 김 씨에게 꿈이 생겼다. 가게 평상에 두런두런 모여 앉아 텔레비전을 보고 있는 아이들을 보며 문득 텔레비전이 있었으면 하는 마음이 생긴 것이다. 꿈은 사람을 변화시킨다. 이후 술도 끊고 열심히 돈을 모아 몇 개월 뒤 마침내 텔레비전을 산 김 씨….
 문제는 거기서부터 발생했다. 좁디좁은 방에 텔레비전을 들여놓으니 정작 자신이 누울 공간이 사라져버린 것이다. 더구나 텔레비전은 너무 가까이서 보면 더 안 보이는 법. 그렇다고 귀중한 재산을 밖에 내놓을 수는 없어 궁리 끝에 밖으로 나간 김 씨. 방문을 열어놓고 밖에서 쭈그려 앉아 텔레비전을 본다. 비라도 오는 날이면 김 씨는 우산을 받쳐 들고 텔레비전을 본다.

어느덧 현대인의 일상은 목적과 수단이 전도된 혼돈 속에 빠져버렸다. 특히 문명의 이기들은 어느새 우리의 일상을 지배하고 있다. 현대인의 삶의 단면을 풍자와 상징으로 표현한 이 얘기는 오래도록 내 기억 속에 남아 있다.

회사의 인터넷망이 마비되었던 적이 있다. 그 기간 나는 아무런 글도 쓰지 못했다. 사실 인터넷과 컴퓨터 글쓰기는 하등 관련이 없는 데도…. 글을 써봐야 어디에 보낼 수 없다고 생각하니까, 그때부터 거짓말처럼 손가락과 머릿속의 생각들이 저절로 작동을 중지! 어느덧 나는 인터넷의 그물망에 묶인 갇힌 몸이 되어 있었다.

***

아내가 모 재벌 회사의 계열사에 다니던 때의 일이다. 회사에서 사원 대상 특판행사를 한다는 꾐에 덜컥, 완전평면 디지털TV를 구입했다. 구매 신청 보름 만에 집에 도착했다. 그까짓 게 뭐라고 새로운 TV가 도착했다는 어머니의 전화에 퇴근까지 서둘렀다. 내 꼴도 참 우스웠다.

설치하느라 이리저리 옮기다 새 TV를 거실 바닥에 떨어뜨리고 말았다. 육중한 물체가 쿵 소리를 내며 떨어지자 옆에 있던 딸아이는 울음보를 터뜨렸고, 아내와 나는 서로의 부주의를 탓하며 언성을 높였다. 이내 들어올린 TV는 화면 한쪽에 시퍼런 멍 자국을 드러냈다.

배달 첫날 고장난 TV로 전락해 버린 새TV를 보며 우리 식구 저마다 한숨을 지었다. 서비스센터에 전화한들 바꿔줄 리 만무했다.

모처럼 살림 장만에 식구 모두 흐뭇해지길 바랐던 아내는 괜한 일을 했나 싶어 자책하는 눈치였다. 망할 '놈'의 TV 한 대가 집안 분위기를 망쳐버린 것이다. 생각 같아서는 이참에 집안의 TV를 모두 없애버리고 싶다. 그러면 채널권을 놓고 다툴 일도 없고, 책을 더 열심히 읽게 될 것이다.

TV 맛집은 '트루맛쇼', 박근혜는 '트루멋쇼'

TV 맛집들의 실상을 알린 다큐멘터리 〈트루맛쇼〉 관련 기사를 보다가 미친 생각. 박근혜 전 대표의 유럽특사 행보는 어쩜 '트루멋쇼'가 아니었을까?

그게 아니라면, 어떻게 방문하는 국가마다, 심지어 하루 세 번씩이나 옷을 갈아입는 강행군(?)을 했겠는가. 웬만한 정성과 옷에 대한 집착이 아니고선 상상도 할 수 없는 일이다.

그래서일까? 최고 이슈 메이커의 유럽 나들이치고 이렇다 할 뉴스가 없고, 대신 옷 관련 기사만 넘쳐나고 있으니 말이다. 기왕 패션 감각을 뽐냈을 바에야 한복 한 번 입어주는 센스를 보였으면 어땠을까.

'트루맛쇼'는 탁월한 제목 덕에 패러디를 양산할 듯싶다. 박근혜는 '트루멋쇼', 저축은행 사태는 '트루욕쇼'….

친구들의 댓글 교감
박○○ _ 옷 갈아입는 정성으로 공부를 했으면?!?!
문○○ _ 순방에서 옷 잘 입는 것도 중요하지요. 저쪽 나라에서는 무슨 기사가 났는지 찾아봐야 할 듯.

칸의 몰락과 컨스퍼러시

영화 〈컨스퍼러시〉의 맬 깁슨은 《호밀밭의 파수꾼》을 찾아다닌다. 음모가 넘쳐나는 현실을 벗어나 소박하게 살고 싶다는 욕망의 발로였다.

마틴 스콜세지와 로버트 드 니로 콤비가 〈택시 드라이버〉를 통해 보여주는 현실 또한 상처받은 영혼들이 유령처럼 떠돌다 파국을 향해 달려가는 곳이다.

스트로스 칸 IMF 총재가 호텔 여직원 성추행 혐의로 연행되는 모습에 프랑스 사회가 경악을 금치 못하고 있다. 와중에 '컨스퍼러시 conspiracy음모이론'이 고개를 드민다. 재선을 노리는 사르코지와 미국의 이해가 절묘하게 맞아 떨어진다는 것.

아무려나, '지퍼 게이트'에도 재선했던 클린턴이나 도처에 성 추행범들이 득실대는 우리 국회의 모습과는 달리 '칸'의 정치 생명은 종말을 고하게 될 것이라는 게 중론이다.

사이비와 폴리페서

나는야, 사이비다. 학위도 없으면서 교수 명함을 들고 다닌다. 강의는 줄기차게 한다. 수백 만 원 등록금 내는 대학생들이 아닌 노숙인, 여성가장, 수형인, 장애여성, 차상위 등 다양한 사람들과 인문학을 매개로 울고 웃는다.

교수 중엔 나 같은 사이비만 있는 게 아니다. '폴리페서 polifessor'라는 괴물도 있다. 교수인데 강의는 하지 않는다. 연구실이 아닌 국회나 정부기관에, 강의실이 아닌 방송국에 더 자주 나타난다.

박재완 장관 후보자는 성균관대 교수직을 가지고 있지만 8년째 휴직 중이다. 곽승준 미래기획위원장과 현인택 장관, 한나라당 박영아 의원, 이인실 통계청장, 김우상 호주 대사 역시 장기 휴직 상태다. 대학은 그들이 자리 깔고 앉은 탓에 새 교수를 뽑지도 못한다.

친구들의 댓글 교감

이○○ _ 일단 교수가 되면 정치권력을 갖고 싶어지는가 봐요. 특히 사회과학 쪽은 준다면 눈썹 날리게 달려오죠. 평소엔 그리 쉽다가도, 한편으론 이해가 가죠. 지행합일이라는 데….

이○○ _ 질문1. 휴직 중 월급은 어떻게 되나요? 질문2. 펑크 난 강의는 어떻게 메우나요? 시간강사라도 뽑는 건가요?

최○○ _ 교수라는 말이 너무 남발되는 세상에 최 교수님 같은 분 있어 즐겁습니다. 잘 알지도 못하면서 그러나구요? 주변에서 많이들 이야길 해서 조금 압니다.

'중동판 마셜플랜'과 이-팔 영토분쟁

오바마 미국 대통령이 '중동판 마셜플랜'을 제안하는 한편, '이-팔 영토 분쟁'의 새로운 기준으로 3차 중동전쟁 이전 시점을 제시했다. 문제는 돈이다. 최악의 재정위기로 단독 경제 지원이 힘들고, EU나 중동 자본도 시큰둥한 반응이다. 이-팔 문제는 자칫 미국 내 유대 자본의 이탈을 초래할 우려마저 있다.

오바마의 선택은 옳아 보인다. 당장은 아프가니스탄에서 발을 빼기 위해, 장기적으로는 이슬람과의 관계 재설정을 위해서도 이-팔 분쟁에 대한 전향적 태도가 필요하다. 북아프리카 민주화를 지원하는 건 어찌 보면 당연한 일이고 말이다.

공산주의의 확산을 막기 위한 1차 마셜플랜이나 민주주의 확산을 위한 2차 마셜플랜은 어떤 의미에선 같은 맥락으로 읽힌다.

그러나….

친구들의 댓글 교감
정○○ _ 그러나… 다음 얘기는 언제 나오나요?
최준영 _ 정○○님 바로 지금 하겠습니다. "그러나…, 현실적 어려움을 극복하기는 쉽지 않아 보인다. 오바마의 정치력이 시험대에 오른 셈이고, 재선의 가능성 역시 여기서 결판 날 것으로 보인다" 정도로 마무리하고 싶습니다. 420자의 한계로 끝까지 풀어내지 못해 죄송합니다.

소크라테스와 프레이리

지난주 한 복지관에서 할머니 대상 특강을 했다. 강의 초반 반응은 '인문학'에는 그다지 관심이 없어 보였다. 강사의 역할이 중요한 건 웃기거나, 뭉클하게 하는 것이었다.

살짝 당황스러웠다. 내가 코미디언은 아니지 않은가. 후자로 가기로 했다. 내 지난한 삶의 여정이 곧 '이야기 공장'이라는 데 착안했다. 거긴 40여 년 청상, 내 어머니의 애달픈 삶도 오롯이 들어 있다.

반응이 뜨거웠다. 손수건을 꺼내들고 훌쩍이는 할머니도 계셨고, 말 끝마다 맞장구를 쳐주는 분도 계셨다. 우레와 같은 박수를 뒤로 하고 돌아왔다.

교육은 많이 아는 사람이 덜 아는 사람에게 일방 주입하는 게 아니라 함께 머리를 맞대는 것이다. 현실을 매개로 교사와 학생이 함께 고민하는 것이다. 소크라테스와 프레이리가 그렇게 말했다.

친구들의 댓글 교감

Jang ○○ _ 교육은 많이 아는 사람이 덜 아는 사람에게 일방 주입하는 게 아니라 함께 머리를 맞대는 거다, 현실을 매개로 교사와 학생이 함께 고민하는 거다. 이 부분 굉장히 신선한 충격이네요. :)

최준영 _ 마지막 문장은 소크라테스의 교육 철학과 남미 민중교육의 대부 파울루 프레이리의 《페다고지》에 나오는 교육 철학을 극단적으로 줄여서 표현한 겁니다.

프로토콜

본디 파피루스 두루마리의 머리말이 프로토콜protocol이다. 이후 국가 간 외교 의례 또는 의정서를 뜻하더니, 요즘엔 통신 프로토콜로 전환됐다. 네트워크 구조의 표준화된 통신규약으로 네트워크 기능을 효율적으로 발휘하기 위한 협정이다.

프랑스 왕 앙리4세는 마르그리트 드 발루아와 이혼 후 마리 드 메디치와 재혼한다. 결혼 전 마리의 프로토콜을 받아본 앙리4세는 두 번이나 퇴짜를 놓는다. 결국 재혼하게 이르는데 루벤스가 그린 마리의 그림 덕분이었다. 그림이 프로토콜 노릇을 한 셈.

20대 남성 윤 모 씨는 아내 이름을 빌려 모 사이트에 가입한 뒤 미모의 여성 사진을 이용해 남성들에게 조건 만남을 제의했다. 2년 반 동안 무려 340여 명의 남성이 미모에 속아 6천4백여만 원을 입금했다. 프로토콜 사기인 셈이다.

친구들의 댓글 교감
 신○○ _ 프로토콜이란 말이 그런 심오한 뜻이 있었군요!
 황○○ _ 재미있는 얘기죠. 이태리에서 직접 상기 내용을 확인했던 경험이 있어요. 그립네요. 그때가….
 정○○ _ 자동차에서도 중요한 몇몇 컴퓨터가 있는데 서로 정보를 공유하려면 프로토콜을 맞춰줘야 합니다. 참 여러 가지로 쓰이는 단어입니다. *^^*

에로틱 아이러니

거세게 몰아치던 임재범 신드롬이 한풀 꺾였다. 그러나 끝이 아니다. 그가 우리 앞에 서면 다시 열광하게 될 것이다.

대중은 그의 가창력뿐 아니라 결핍을 동일시했다. 임재범에 투사된 자신의 결핍을 발견한 뒤 함께 아파했던 거였다. 공명의 눈물이라고 할까?

우리는 늘 완결성을 추구하는 듯하지만 실은 결핍된 자아에 공명하곤 한다. 앞으로 나아가려고 하지만 삶의 지혜는 언제나 과거를 돌아봐야 얻을 수 있다는 플로베르의 지적과 궤가 같다.

문학에선 '에로틱 아이러니Erotic Irony'라고 한다. 영화든, 소설에서든 완벽한 조건의 악인에 비해 주인공은 어딘가 비어 있다. 불안정성에 더 연민을 느낀다. 십자가에 못 박힌 예수가 사랑받는 이유이고, 고 노무현 대통령이 삶보다 죽음으로 더 강렬해진 이유다.

친구들의 댓글 교감
김ㅇㅇ _ 때로는 그 때문에 악인이 더 우리의 마음을 사로잡죠. 〈오셀로〉 공연을 이야기할 때면 오셀로보다 이아고 역을 연기한 배우가 더 회자되는 것도, 〈쉬리〉에서도 최민식이 더 멋있잖아요.
이ㅇㅇ _ 공명의 눈물, 저도 흘리고 흘리게 합니다.

촛불 도서관

"인류는 소멸해 가고 있는 것 같은 생각이 든다. 그러나 '도서관'은 영원히 지속되리라. 불을 밝히고, 고독하고, 무한하고, 부동적으로, 고귀한 책들로 무장하고, 비밀스러운 모습으로."

호르헤 L 보르헤스 Jorge Luis Borges의 말이다.

2011년 '세계 책의 수도'로 지정된 아르헨티나의 수도 부에노스아이레스에 책 3만 권 높이의 25m 거대한 '바벨탑'이 세워져 화제였다. 부에노스아이레스에 '바벨의 도서관'이 지어졌다면 광화문 한복판에는 '촛불 도서관'이 지어졌다. '반값 등록금 공약' 이행 촉구 집회에 참여한 300여 명의 대학생들이 한 손에는 '촛불', 다른 한 손에는 '책'을 들은 것.

이른바 '책 읽는 시위'다. 집회 시작 전 구호도 연설도 없이 묵묵히 책을 읽고 있었다고 한다. 집단 지성의 진화일까.

친구들의 댓글 교감
김ㅇㅇ _ 책 읽는 시위라! 저처럼 출판업자 입장에서는 정말 환영할 시위입니다. 지구촌 모든 사람들의 손에서 책이 떠나지 않는 날을 기다리며….
성ㅇㅇ _ 촛불이 횃불 같아 보입니다.

두리반의 부활

불황의 월스트리트에 난데없이 호황을 맞은 곳은 노점이었다. 일반 식당의 절반 가격에 한 끼가 해결되는 '길 바'에서 핫도그 등이 불티나게 팔려나간 것.

길거리에 노점이 있다면 골목길 모퉁이에는 목로주점이 있다. 에밀 졸라의 것이든, 이연실의 것이 됐든 거기에는 고스란히 서민들의 삶의 애환과 추억들이 삼십 촉 백열등처럼 그네를 타던 곳이었다.

무분별 도시개발에 대한 저항의 상징 '두리반'이 531일 간 이어온 농성을 풀게 됐다. 두리반 주인 부부의 점거투쟁엔 홍대 언더그라운드 뮤지션, 시민운동가 등이 교대로 참여했다.

가진 자들에게 노점, 목로주점, 허름한 식당들이 도시미관을 해치는 흉물일지 모르지만 서민들에게 그곳은 소박하고 인정 넘치는 휴식처이자 마음의 고향이다. 두리반의 부활이 반갑다.

친구들의 댓글 교감

Youn○○_ 요즘에는 오히려 그런 오래되고 전통 있는 곳을 더 많이 찾게 됩니다. 가까운 일본의 사례에서도 볼 수 있듯 이런 곳에 손님들이 더 많이 모이게 되는데 흉물이라고 생각하는 것 자체가 기가 막히고 코가 막히는 일이죠.^^ 그런 의미에서 동대문 운동장도 두고두고 아쉽네요.ㅠ

이○○_ 주변에 오래된 것은 많으나 이야기가 있고, 소통하는 공간은 많지는 않은 것 같아요. 이야기를 만드는 것이 생각만큼 쉽지가 않더라고요. 현실은….

아! 6.10 24주년

참담한 심정으로 6.10 민주항쟁 24주년을 맞는다. 경찰은 등록금 시위 참가 대학생을 잡아들여 '빨갱이'라고 부르고, 한나라당 이경재 의원은 한 술 더 떠 '선동적 정치'라는 이념의 색깔을 입힌다.
퇴행적 역사를 살고 있는 우리는 과연 어디로 가고 있는 걸까. 몇몇 '개념'있는 사람들의 헌신과 노고에서 나름 위안을 삼아보지만 그게 우리들 희망의 전부여서는 곤란하다.
희망은 저절로 깃드는 것이 아니라 스스로 만들어야 하는 것. 절망적인 상황이 있을 뿐, 절대 극복하지 못할 절망이란 있을 수 없다는 아옌데의 절규를 새삼 곱씹어야 하지 않는가.
87년 6월 10일, 그날 거리를 가득 메웠던 우리들 가슴과 가슴의 기억을 떠올려 본다.
박종철, 이한열의 단말마가 들리는 듯하다.

젊은 작가, 한국문학이 바라는 희망의 증거

순전히 감이지만, 아마도 국내 출판시장의 절반 이상은 외국 서적에 내어준 듯싶다. 특히 소설의 경우 외국 작가들의 각축장이라 해도 과언이 아니다. 간혹 국내 대형 작가의 작품이 베스트셀러에 오르기도 하지만 전체 시장에서 차지하는 비중은 미미하다.

베르나르 베르베르는 자국보다 국내에서 더 각광받고 있으며, 무라카미 하루키는 두터운 마니아층을 확보하고 있다. 역시 프랑스 작가들인 기욤 뮈소나 패트릭 모디아노, 알랭 드 보통, 장 폴 뒤부아, 아멜리 노통, 샨사, 르 클레지오 등도 국내에 일정 독자를 확보한 작가이다.

일본 작가들 역시 국내 출판계를 주름잡고 있다. 90년대에 이른바 '하루키 열풍'이 일어난 뒤 일본 소설의 구매력이 동반 상승했었다. 무라카미 류, 에쿠니 가오리, 오쿠다 히데오, 치즈 히토나리, 아사다 지로, 히가시노 게이고, 요시다 슈이치 등이 그 주역들이다.

2000년대 들어 '팩션 Faction' 열풍을 주도했던 《다빈치코드》의 댄 브라운을 필두로 영미 작가들의 활약상 역시 프랑스나 일본 작가들에 결코 뒤지지 않는다. 그 외 스페인과 중남미 문학, 저력의 러시아 문학 등이 꾸준히 읽히고 있다.

특이한 건 일본 소설의 득세에 비해 중국 소설이 고전을 면치 못하는 점이다. 한때 위화, 쑤퉁 등이 중국 현대소설의 국내 연착륙 가능성을 점치게 했으나 아직 미미한 수준이다. 위화, 쑤퉁과 더불어 꽤 지명도 높은 작가인 류전윈의 최근작 《나는 유약진이다》가 어려움을 겪는 걸 보면, 아직 중국 소설의 국내 상륙은 본격화되지 않았다고 보는 게 옳을 듯하다.

한편 국내 소설시장이 난데없는 장편소설 열풍에 휩싸였다고 한다. 지난해 나온 장편만 해도 100여 편이나 된다고 하는데, 비교적 부지런한 독자인 나의 관심을 끈 것은 고작 대여섯 편에 불과하다. 그만큼 고전을 면치 못한다는 반증일까?

마침 〈조선일보〉 어수웅 기자가 허울뿐인 '장편소설 르네상스'에 일침을 가했다.

"초판 3000부가 팔리는 장편은 극소수다. 여러 이유가 있겠지만 아직 세계와 정면 대결할 준비가 되지 않은 젊은 작가들이 섣불리 장편에 도전했다는 비판으로 압축된다. 〈…〉 2000년대 중반 이후 급증한 문예지 신인공모 등을 통해 등단한 젊은 작가들의 대부분은 대학교 문예창작학과를 졸업하고 바로 전업 작가가 됐다. 그들에게는 선배 작가 세대와 달리 다른 직업이나 사회적 경험을 쌓을 기회가 주어지지 않았다."

국내 문학은 지금 희망과 절망의 교차로를 거닐고 있다. 신경숙이 밀리언셀러 작가 반열에 오르고 공지영, 김훈, 박현욱, 김형경, 공선옥, 은희경, 전경린 등이 선전하고 있다. 황석영, 조정래, 이외수 등 원로들이 건재를 과시하는 건 희망의 증거다. 박경리 선생에 이어 박완서라는 대형 작가를 잃는 절망도 함께 겪어야 했지만.

역시 문제는 젊은 작가들이다. 그들이 정말로 '세계와 정면 대결할 준비'를 하기 바란다면 우선 독자들이 끌어주고 밀어주어야 한다. 김연수, 박민규, 김숨, 한강, 김선우, 정선태, 김애란, 천운영 등 가능성 충만한 신진들은 차고 넘친다. 나부터 그들의 소설을 왕성하게 소비할 테다. 몇 년 후 그들이 주부나 교수, 호프집 사장이 아닌 여전히 '작가'로 남아 있기를 바라면서….

 친구들의 댓글 교감

맹ㅇㅇ _ 왕부러운 왕성한 독서력… 천재적 다독성… 최교수님 달변에 감탄하고 있네요.

강사료 유감

돈벌이를 목적으로 인문학 강의를 하진 않는다. 강의료를 받아봐야 살로 갈만큼도 안 되지만 그것조차 전적으로 내 살을 찌우는 데 쓰지 못한다. 〈빅 이슈〉 때문에 진 빚도 갚아야 하지만 더 급한 건 주변에 도움을 필요로 하는 사람들이 워낙 많기 때문이다.

식당에서 밥 먹고 잡혀 있는 사람, 술집에 붙잡혀 '구조 요청'을 하는 사람, 유치장에서 벌금 대납을 부탁하는 사람, 어쩌다 기차를 타고 떠났지만 돌아올 차비가 없는 사람, 잠잘 곳이 없는 사람, 밥을 못 먹은 사람….

얼마 전부터 강사료 통장을 따로 만들어 관리(?)하고 있다. 얼떨결에 공직 비슷한 일을 시작하면서 월급이라는 걸 받고 있다. 공무원에게 주어지는 복지 포인트는 모두 노숙인 지원 단체에 보내고, 강사 수입은 따로 필요한 곳에 쓸 계획이다.

양화진문화원에서 내 인생 최대의 강사료를 받았다. 기업에 출강한 적이 없어서 그렇게 많은 강사료를 받아본 적이 없었다. 100주년기념교회라는 이름에 걸맞게 강사료를 넉넉하게 챙겨주었다.

이어진 일정은 역시 100여 년의 역사를 자랑하는 모 고등학교 진로의 날 행사에 가서 학생들에게 인문학이 무엇인지를 강의하는 것이었다.

양화진문화원 강의가 밤늦게 끝난 탓에도 집에도 못 가고 근처에서 잠을 잔 뒤 택시를 타고 그 학교로 가서 강의를 했다. 나름 열심히 강의를 했고, 학생들의 반응도 나쁘지 않았다.

강의를 마치고 뒤늦게 안 사실! 책정된 강사료가 없단다. 임대 아파트촌의 허름한 복지관에서 너덧 명을 놓고 강의를 해도 실무자는 약소해서 미안하다며 강사료를 내민다. 좋은 일에 쓰겠노라고 말하며 받아온다. 하물며 교도소나 도서관, 노숙인 쉼터와 장애우들이 모여 힘겹게 강좌를 개설한 곳에서도 성의를 표시한다. 또 철거민들이 모여 하루하루 전쟁 같은 삶을 사는 곳에서도 액수를 떠나 강사료를 준다. 상황에 따라 받았다가 바로 돌려주는 경우도 있고 그걸로 함께 밥을 먹을 때도 있다.

그런데 내 아이가 다니는 학교여서 부탁을 받은 학부모도 아니고, 동문도 아닐뿐더러 단지 섭외가 들어와서 강의를 하기로 했던 외부인인 내게 책정된 강사료가 없었다. 여관비와 택시비, 두

끼의 식사비용을 쓰면서 준비한 강의였는데….

　　강의를 마치고 돌아오는 길, 교정을 채우고 있는 으리으리한 검정색 자가용들이 눈부셨다. 또 100여 년의 찬란한 역사를 자랑하는 듯 위용이 넘치는 교정은 얼핏 보기에도 멋있었다.

 친구들의 댓글 교감

Noh○○ _ 이전부터 학교는 '독특한 상식'이 지배하는 곳이란 것쯤은 알고 있었지만, 이번 것은 좀 센데요? 군대에서도 외부 강사 초청 강연을 하면 사례를 하는데….
정○○ _ 강의를 그렇게 기분 좋게? 기부하게 만들다니….

강한 여자는 왜 사랑에 약한 걸까?

대단한 페미니스트처럼 행동하던 맹렬 여성이 가정에서는 그지없는 현모양처가 되어 남편의 가부장적 권위에 순응하며 살아가는 경우가 있다. 또, 강한 카리스마를 가진 것으로 알았던 커리어우먼이 제비족 같은 젊은 남자에게 굴욕적으로 매달리다 끝내 버림받고, 그 상처 때문에 괴로워하는 모습을 보게 된다.

비슷해 보이는 두 경우는 전혀 다른 원인에 의해 생긴다. 전자는 전적으로 개인의 성향 문제로 볼 수 있다. 그러나 후자는 보다 본질적인 딜레마로 여겨 진다.

불과 한 세대 전 우리나라 여학생들은 소위 '현모양처 교육'을 받으며 자랐다. 그 결과 장래 희망이 '현모양처'인 여학생이 반에서 여럿 있었을 정도였다. 요즘도 역시 그런 꿈을 꾸는 여성이 있을지 모르지만, 이제 주변의 많은 여성들은 더는 현모양처를 꿈꾸지 않는다.

현대 여성들은 현모양처 대신 '강한 여자'가 되기를 원한다. 안정된 직업, 당당히 자기주장을 펼칠 수 있는 논리와 자신감, 누구의 도움을 받지 않고도 생계를 꾸릴 수 있는 경제력, 무엇보다 스스로 남성을 선택할 수 있는 성적 자신감과 카리스마를 가진 여자.

그런 매력적인 여성이 바로 '강한 여자'다. 그런데 모든 면에서 완벽해 보이는 이 '강한 여자'는 사랑에만 빠지면 이상해진다. 전혀 그럴 것 같지 않던 강한 여자가 늑대 같은 바람둥이 앞에서 꼬리를 내리고 맹목적으로 복종하는가 하면, 자기를 버리지 말아 달라고 애원한다. 때로는 '내가 대체 왜 이러는 거지?' 하면서 절망감에 빠져들기도 한다.

매사 자신감이 넘치던 여자가 왜 사랑 앞에서는 그토록 좌절하고 절망하고 자신을 주체하지 못해 당황하고 혼란스러워할까? 왜 강한 여자는 매번 사랑에 실패할까?

《강한 여자의 낭만적 딜레마》의 저자 마야 스토르히는 강한 여자가 왜 사랑에 실패하는지, 어떻게 하면 이런 딜레마에서 해방될 수 있는지 분석한다. 또한 진보적이지만 여전히 가부장적인 영향에서 자유롭지 못한 이 시대의 여성, 그들의 연인으로 어떻게 해야 할지 몰라 방황하는 남성들에게 심리학적 처방전을 제공한다.

저자가 구스타프 융의 분석심리학으로 짚어낸 이 딜레마의 원인은 '그림자'와 '오이디푸스 콤플렉스' 두 가지다. '그림자'는 당사자는 의식하지 못하지만 성장 과정에서 억압됐던 인격의 일부가 무의식에 자리 잡아 행동에 막대한 영향을 미치는 것을 말한다. 특히 강한 여자에게 드리워진 그림자는 무의식 속의 '약한 여자'라고 볼 수 있다.

프로이트에 의해 주창된 '오이디푸스 콤플렉스'는 융의 심리학에서도 유효하다. 강한 여자의 무의식 속에는 해결되지 않은 오이디푸스 콤플렉스가 자리 잡고 있어서 강한 남자를 만나는 순간 자신도 모르게 '아버지의 딸'이라는 역할에 빠져들게 된다고 한다. 전통적이고 가부장적인 아버지의 모습을 통해 무의식 속에 형성된 남성상이 '강한 여자'로 하여금 다정다감한 남자 대신 난폭한 방랑자를 사랑하게 만든다는 얘기다.

어떻게 하면 이 딜레마를 벗어날 수 있을까? 저자는 책에서 강한 남성을 사랑하게 된 강한 여성은 전형적으로 네 가지 형태-희생형, 도피형, 투쟁형, 혼합형-의 반응을 보인다고 분석한 후 해결책을 제시한다.

해결책은 의외로 단순하다. 자신의 약점을 피하고 숨기기보다 솔직히 인정하는 것. 그래야만 자기 내면의 금기를 극복하고 여성이 지닌 근원적인 힘을 되찾을 수 있다는 설명이다.

친구들의 댓글 교감
윤○○ _ 자신을 잘 알고 그대로 수용하는 게 첫 번째로 할 일인 것 같아요. ^^
Hyun○○ _ 사람의 양면성 아닌가요? 보이는 것과 내면의 세계는 다른 것처럼.

복싱과 인생, 다름과 닮음

 분명 분수를 망각한 만용이었다. 그러나 내 집 마련에 대한 아내의 열망과 어머니의 바람과 아이들의 환호성을 물리칠 재간이 없었다. 아무리 생각해도 무리일 수밖에 없음을 잘 알면서도 덜컥 일을 저지르고 말았다. 나 역시 마음 한켠에는 난생처음 내 집을 갖게 된다는 생각에 살짝 마음이 들뜨기도 했다. 그러나 이삿날이 다가올수록 기대는 걱정과 부담을 넘어서 마침내 중압감과 불면증으로까지 발전하고 말았다. 무슨 수로 한 달 만에 그 돈을 구한단 말인가.
 책은 머릿속으로 들어오길 거부하고, 안 오는 잠을 재촉해본들 가슴만 답답해졌다. 그렇다고 술을 마시자니 내일이 걱정됐다. 하는 수 없이 선택한 것이 비디오.
 오랜만에 들른 비디오가게에 새 프로가 넘쳐, 고르는 데 애를 먹었지만 결국 '백만불' 앞에서 눈길을 멈출 수밖에 없었다. 〈밀리언 달러 베이비〉. 물론 클린트 이스트우드, 힐러리 스웽크, 모건 프리먼 등 등장하는 배우가 마음에 들고 약간의 사전 지식이 있는 작품이었다.

새삼 복싱을 통해 인생을 생각했다. 맞고 때리고, 쓰러지고 쓰러뜨리고, 승승장구하다 이내 내리막길을 타기도 하는 경기. 단번에 쓰러져 영원히 일어나지 못하기도 하고 갈팡질팡하다 얼떨결에 기회를 잡기도 한다.

***

복싱이 3분이라는 시간으로 압축되어 있는데 반해 인생은 대책 없이 길게 늘어져 있다. 복싱에는 다음 라운드가 있지만 인생에는 다음 라운드가 없다. 복싱에는 심판이 있지만 인생의 심판은 오로지 자기 자신뿐이다.

복싱은 승패가 곧바로 판가름나지만 인생의 성패는 섣불리 말할 수 없다. 복싱에는 열광하는 관중이 있지만 인생은 텅 빈 객석을 바라보며 혼자 하는 연기인 셈이다.

그럼에도 불구하고 영화는 늘 인생을 복싱에 빗대기를 즐긴다. 새삼 복싱은 단순한 스포츠가 아니라는 생각이 들었다. 특히 〈밀리언 달러 베이비〉는 그와 같은 사실을 극명하게 확인시킨다.

서른한 살의 매기(힐러리 스웽크 분)에겐 복서의 꿈이 있다. 오로

지 복싱만이 일상을 탈출하게 해줄 것 같아서다. 그러나 섣불리 덤비지 않는다. 그 신중함은 왕년의 유명 트레이너였던 프랭키(클린트 이스트우드 분)만을 스승으로 고집한다.

늙은 프랭키는 왕년의 복서 스크랩(모건 프리먼 분)과 함께 살고 있다. 매번 가능성 있는 신인 복서를 발굴하지만 남는 건 다 씹은 껌처럼 아무렇게나 내동댕이쳐진 초라한 현실 뿐. 그렇다고 프랭키와 스크랩이 세상을 비난하지는 않는다. 다만 자신들이 이미 늙었고 세상이 예전과 같지 않음을 씁쓸하게 확인할 뿐이다.

집요하게 코치를 부탁하는 매기를 보며 프랭키는 마음이 언짢다. 제아무리 한물 간 트레이너지만 여자 복서라니…. 안 그래도 딸로부터 외면당하는 게 고통스러운데 하필 딸 같은 처녀가 나타나 복싱을 가르쳐 달라니….

끈질긴 매기의 고집과 집념에 손을 든 프랭키. 이제부터 그들의 인생 역전극이 시작된다. 노련한 프랭키의 주문을 빠짐없이 소화한 매기는 연전연승 승승장구한다. 인기도 치솟으며 챔피언전에 나갈 기회를 갖는다. 대전료가 무려 '원 밀리언 달러'라는 사실에 흥분하는 매기와 프랭키.

그것이 매기의 마지막 경기일 줄이야. 승부에서 졌기 때문이 아니다. 내용에서는 매기의 승리였다. 상대의 반칙과 사고가 겹쳐 졸지에 식물인간이 되고 만 것이다. 병실에 누운 매기는 오히려 프랭키를 위로하려 든다. 감사의 말도 잊지 않는다. 당신 덕분에 높이 날아보았으니 여한이 없다고. 영원히 날아갈 수 있도록 마지막 소원을 들어달라는 부탁과 함께….

***

"복싱은 모든 것이 거꾸로다. 왼쪽으로 움직일 땐 오른쪽 발에 힘을 주고, 오른쪽으로 움직일 땐 왼쪽 발에 힘을 준다"는 프랭키의 대사가 인상적인 영화. "자신만이 볼 수 있는 꿈 때문에 어떤 고통이 와도 참고 견디며 모든 것을 거는 게 복싱의 마술"이라는 대사가 마음을 울렸다.

아내의 심정이 그랬겠지. 자신만이 볼 수 있는 꿈 때문에 어떤 고통이 와도 참고 견디겠다는 각오로 덜컥 일을 저질렀을 것이다. 그 꿈에 동참할지, 말지는 이미 내 판단의 선을 넘어섰다.

훨씬 넓어질 자기 방을 기대하며 새 침대와 멋진 책상을 꿈꾸고 있는 딸아이들, 나름대로 기대에 부풀어 계신 어머니, 역시 불면증에 시달리면서도 기대에 젖곤 하는 아내, 죽음을 목전에 두고서야 프랭키에게 사랑을 느끼며 작은 오두막에서 함께 살기를 꿈꾸었던 매기…. 그들은 꿈꾸었기 때문에 행복했다.

사람과 사람 사이엔 '끈'이 있다.

　삶과 죽음의 경계를 넘나드는 고난 속에서 강인한 생명력과 그보다 더 진하고 끈끈한 동료애를 발휘했던 두 알피니스트Alpinist의 고투를 기록한 《끈, 우리는 끝내 서로를 놓지 않았다》는 쉽사리 접하기 힘든 감동적인 휴먼드라마다.
　주인공 박정헌과 최강식은 산에 오르는 것을 통해 인생의 의미를 찾으려 했다. 그들에게 산은 정복의 대상이 아니라 인생의 의미를 깨닫기 위한 구도의 장이었다. 그래서 어제도 오늘도 산에 오르고 또 올랐다. 한 사람은 벌써 20년째, 또 한 사람은 이제 막 구도의 길에 들어선 약관의 청년이었다.
　2005년 1월 13일, 둘은 히말라야 연봉 가운데 하나인 촐라체 정상(해발 6,440km)을 향해 등반을 시작했다. 아직까지 누구도 시도하지 않았던 동계 시즌에 촐라체 북벽을, 그것도 알파인Alpine 스타일로 새로운 길을 내며 오르는 것이 목표였다. 1박2일의 초스피드 등정을 목표했던 그들은 예상 밖의 악전고투 끝에 사흘 만에 정상을 밟을 수 있었다.

그러나 본격적인 고난은 산을 내려올 때 닥쳤다. 강한 바람을 피해 서둘러 하산하던 중 해발 5,300m 지점에서 최강식이 크레바스Crevasse(빙하나 설계에 균열이 생겨 갈라진 틈새)로 추락하고 말았다. 박정헌은 피켈을 얼음에 박으며 제동을 걸었지만 피켈은 날아가고 몸은 여기저기 휩쓸리며 아래로 끌려갔다. 이제 크레바스 속 25m 아래로 추락한 최강식과 박정헌의 몸은 5mm의 가는 자일로 연결돼 있을 뿐이다.

죽음의 위기를 느낀 박정헌은 고뇌한다. 최강식과 연결된 자일을 끊어버린다면…. 갈비뼈가 부러진 몸으로 자일 끝에 매달려 있는 최강식의 몸무게를 견디는 것은 죽음과도 같은 고통이었다.

박정헌은 끈을 자르지도 희망을 놓지도 않았다. 부러진 갈비뼈와 어깨에 감당하기 힘든 통증이 왔지만 동료의 생명을 지키기 위해 버텨냈다. 결국 조난 5일 만에 그들은 무사 생환한다. 빙벽과 사투를 벌이는 과정에서 동상에 걸린 손가락들은 건포도처럼 검게 말라비틀어져 돌이킬 수 없는 상황이었다.

손가락 여덟 개를 자른 박정헌과 손가락 아홉 개와 대부분의 발가락을 잘라낸 최강식. 그들은 이제 더 이상 암벽에 오를 수 없었다. 둘에게 산에 오를 수 없다는 것은 곧 인생의 목표를 상실한 것일 수도 있다.

　그들이 종래 산행을 통해 얻으려고 한 것은 무엇인가. 비록 더 이상 산에 오르지 못할지라도 그들은 이미 인간의 마음, 그 깊고 높고 거룩한 마음의 정상에 올랐다.

　사람과 사람 사이엔 보이지 않는 끈이 있다. 그 끈은 서로를 묶어준다. 인생의 목표 역시 눈에 보이는 것과 마음속의 그것이 서로 연결돼 있다. 둘은 결코 분리할 수 없다. 사람과 사람 사이를 연결하는 끈이 삶의 기본 조건이 되듯, 겉으로 드러난 인생의 목표와 내면에서 끝없이 출렁이는 마음의 지향은 결국 하나일지 모른다.

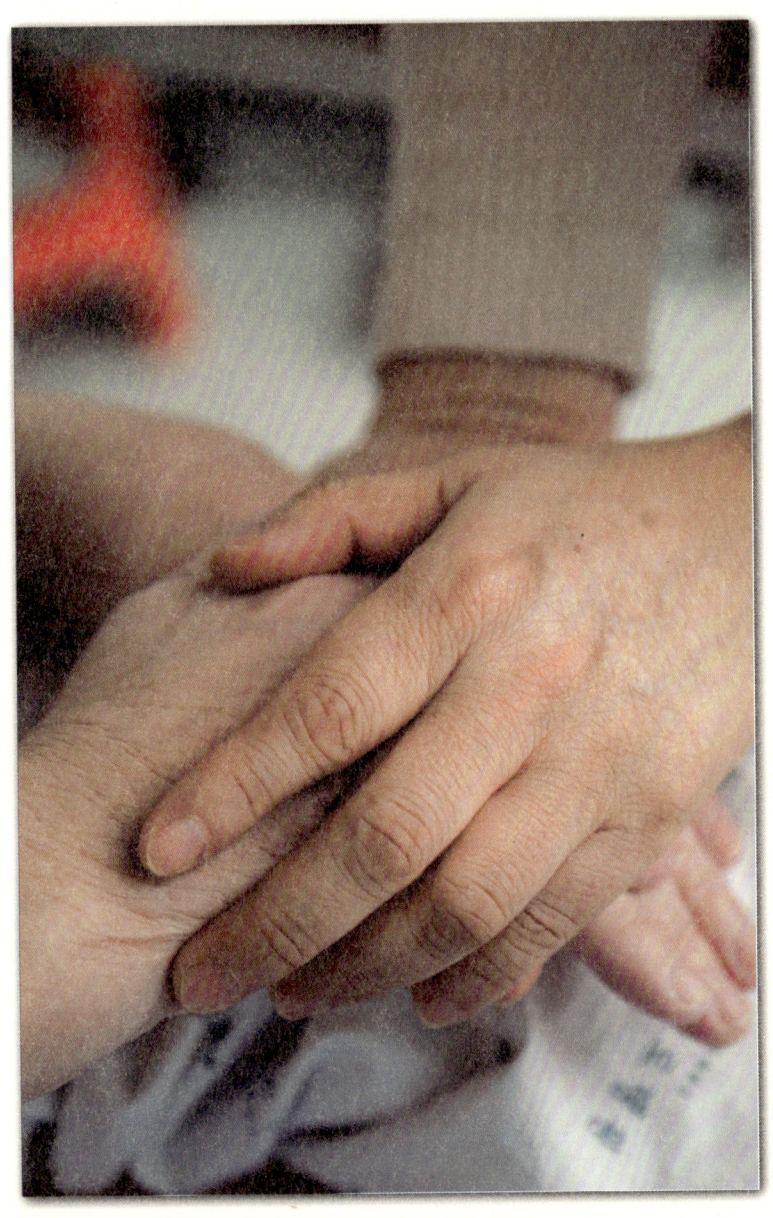

굿바이, 게으름

늘 마감에 쫓기면서도 원고 쓰기를 서두르는 법이 없다. 무릇 '마감에 쫓기며 써야 제 맛'이라는 지론을 펴왔기 때문이다. 여간해서 의견일치가 쉽지 않은 '먹물'끼리도 이 '똥줄론'에서만큼은 어렵지 않게 의기투합한다. 똥줄이 타야만 원고가 나온다는 게 속설이다.

'똥줄론'을 신봉하는 게으름뱅이들에게 '똥침'을 날리는 책이 《굿바이, 게으름》이다.

책은 게으름에 대한 게으른 생각부터 바로잡으려 든다. '빈둥빈둥 노는 것'만이 게으름이 아니라는 게 책의 앞부분에 나오는 이야기다.

뚜렷한 방향성도 없이 같은 일을 반복하거나 중요한 일을 뒤로 한 채 사소한 일에 매달리는 것, 스스로 완벽주의라는 덫에 걸려 결정을 끊임없이 미루는 행태, 늘 바빠 보이지만 실속은 없고, 능력이 되면서도 도전하지 않고 머뭇거리는 그 모든 행태가 게으름이라는 것이다.

책깨나 읽은 사람이라면 그 같은 주장에 곧바로 반기를 들 게 뻔하다. 반론을 위해 버트런드 러셀Bertrand Russell의 《게으름에 대한 찬양》이나 피에르 상소Pierre Sansot의 《게으름의 즐거움》을 든다. 《굿바이, 게으름》은 그런 항변조차 일거에 날려버린다. 러셀이나 상소가 '찬양'하거나 '즐겼'던 게으름은 기실 '느림'이나 '여유'라는 말로 바꿔야 한다는 것이다.

게으름은 천의 얼굴을 가졌을 뿐 아니라 '변신의 귀재'이기도 하다. 선택 회피, 시작의 지연, 약속 어기기, 딴짓하기(대체 행동), 철퇴withdrawal, 눈치 보기, 서두름, 즉각적 만족 추구와 중독 등이 모두 변형된 게으름의 모습들이다.

저자는 서두름이야말로 게으른 사람들의 전형적인 행태라고 일침을 놓는다. 미루지 않고 꾸준히 처리했어야 할 일을 '똥줄'이 탈 때까지 미뤘다가 뒤늦게 서두르는 못된 근성이야말로 게으름의 표본이라는 것. 점점 할 말이 없어진다.

***

그럼 어떻게 해야 할까? 책의 뒷부분에 방법이 나온다. 저자는 우선 W.F. 오그번Ogburn이 언급했던 '문화 지체cultural lag'에 주목한다. 현대 사회에서 사회 경제적 환경과 정신문화의 변화 사이에 속도 격차가 커지면서 문화 지체가 발생하는데 그것을 극복하는 것이 바로 'ACE 정신 능력'—자각 능력Awareness Power, 창조 능력Creative Power, 실행 능력Executive Power—이라는 것.

정신 능력을 향상시킨다고 곧바로 게으름을 벗어날 수 있는 건 아니다. 더구나 정신 능력이라는 것이 그리 쉽게 향상되는 것도 아니다. 여기서 필요한 것이 삶을 대하는 긍정적 태도와 자신의 삶에 대한 지속적인 성찰이다.

성찰이란 자기 자신에게 끊임없이 질문하는 것. '죽음의 수용소'에서 조차 '삶의 의미'를 놓치지 않으려 노력한 끝에 마침내 자유의 몸이 될 수 있었던 빅터 프랭클Viktor Frankl이 그랬던 것처럼. '나는 지금 제대로 가고 있는 것일까?', '이것이 과연 내가 바라는 인생의 모습일까?' 등의 '삶을 깨우는 질문awakening question'을 계속해야 한다.

저자는 '게으름 극복을 위한 십계명'을 일러 준다.

1. '하면 된다!'가 아니라 '왜 해야 하는가!'를 발견하라.
2. 마음의 상태를 살피는 또 하나의 마음을 키워라.
3. 자신 안에 '더 큰 존재'가 있음을 믿어라.
4. 긍정적이고 구체적인 질문을 하라.

5. 자신의 강점과 재능에 기초한 '큰 그림(비전)'을 그려라.

6. 운동과 휴식은 천연의 보약임을 명심하라.

7. 매일 마음을 모을 수 있는 자기 의식을 행하라.

8. 중요한 일을 우선적으로 하라.

9. 계획과 일을 소화 능력에 맞게 나눠라.

10. 매일 한 가지씩 능동적 선택을 하라.

심리학자 매슬로Maslow는 삶을 '다른 존재가 되려는 과정의 연속'이라고 설명한다. 그는 인간의 변화와 발전가능성에 주목했다. 흔히 인간을 human being으로 설명하는 것에서 human doing으로 더 나아가 human becoming으로 이해해야 한다는 것이다. 책의 대미를 장식하는 저자의 지론은 매슬로우에 대한 화답이다.

"우리는 씨앗인 채로 태어났다. 삶이란 우리가 갖고 태어난 씨앗들을 가꾸고 키워서 꽃을 피우고 다시 씨앗을 뿌리는 과정이라 할 수 있다. 그렇기에 성공이란 꽃을 피우느냐 피우지 못하느냐의 문제이지 무슨 꽃을 피우는지, 몇 개의 꽃송이를 터뜨리는지, 언제 꽃망울을 터뜨리는지는 중요하지 않다. 〈…〉 결국 삶의 목적은 피어나는 데 있다. Life Is Blooming!"

진보는 동사다

정당은 게젤샤프트다. 공동사회가 아닌 이익사회라서 자민당이나 한나라당이 가능한 것이고, 진보정당들이 뭉치지 못 하는 것이다. 보수는 '이해'로 뭉치지만, 진보는 '이념'으로 갈린다.

자본주의 체제에서 진보정당은 형용모순形容矛盾이다. 한때 '제3의 길'에 동참했지만 신자유주의 풍랑에 휩쓸리기도 했다. 블레어가 그랬고, DJ와 노무현이 그 길을 갔다.

이해와 이념의 융합은 불가능한 걸까?

새로운 프레임을 모색할 때다. 이념 지향, 목적 지상의 한계를 벗고 한 목소리를 냈던 경험을 떠올릴 때다. 당시 프레임이 독재타도와 직선제였다면, '지금 여기'의 프레임은 보편적 복지이다.

진보는 동사다. 경직된 이념을 넘어 새롭고 유연한 프레임으로 패러다임의 전환을 모색할 때다. 변화에 능동적으로 대처하는 게 진정한 진보다.

친구들의 댓글 교감

- 이○○ _ 베른슈타인 이래 진보정당의 오랜 화두, 그러나 아직도 잘 안 되는 고질.
- 최○○ _ 진보를 가장한 종북엔 최교수님도 반대하시지요? 진보라는 단어를 악용하는 세력이 문젭니다.

홍정욱의 반란? 총선용 정치 쇼!

한나라당 홍정욱 의원이 한·EU FTA 비준동의안 의결 시 기권한 것이 화제다. 언론은 '홍洪의 반란'이라고 부른다. 나름 심모원려深謀遠慮가 있을 테다. 야당은 야당대로, 언론은 언론대로….
'레임 덕'의 전조, '소신행보' 등 정치적 수사가 쏟아지지만 주된 이유는 다른 데 있어 보인다. 총선을 겨냥한 '정치 쇼'라는 것. 지난 총선 때 비주얼, 스펙 등 '엄친아' 이미지 덕을 톡톡히 봤던 그다. 3년 허송세월을 만회하기 위해 또 다시 이미지 구축에 나선 것이다.
유권자는 바보가 아니다. 이미지는 거품이고 정치는 현실이다. 현실 정치에선 소신과 능력, 성실성이 필요하다. 얼치기 초선의 이미지 개선을 위한 정치 쇼에 야당과 언론이 너무 놀아나고 있다.

체벌과 복종, 욕설과 폭력을 낳는다

"학창시절에 매질이나 채찍질을 당했던 사람들 대다수가 그 덕분에 자신이 향상되었다고 믿고 있다. 내가 볼 때 그렇게 믿는 그 자체가 체벌의 악영향 중의 하나이다." _《인간과 그 밖의 것들》199쪽. 버트런드 러셀.

"어느 바보가 지휘하는 법을 알려면 먼저 복종하는 법을 배워야 한다고 말했다. 이것은 진실과 정반대이다. 복종하는 법을 배운 사람은 자기만의 독창성을 몽땅 잃게 되거나, 권위자들에 대한 분노로 결국 파괴적이고 잔인한 쪽으로 변하게 될 것이다." _ 위의 책 69쪽.

대학가에서 버젓이 집합과 구타, 욕설 등 야만적인 관행이 벌어지고 있으니 충격이다. 어쩜 우리 사회는 이미 오래전 폭력과 욕설에 무장해제 당했는지 모른다. 정치가 앞장서고, 학교가 열심히 따라하면서다.

친구들의 댓글 교감

- 나ㅇㅇ _ 1995년 여름, 학교 인근 파밭에서 몽둥이로 맞았던 일명 '파밭 사건' 기억이 새록새록. ㅋ~. 폭력의 대물림은 언제쯤 끝이 날지-,-.

4.27 재보선 손익계산서

축구 종주국 영국은 늘 독일에게 무너진다. 월드컵 얘기다. 보수우파의 본산을 자처하는 분당에서 '강'이 '손'에 덜미를 잡혔다. 친노의 상징 김해에선 친노 단일 후보가 김태호에게 패했다. 4. 27 재보선 이야기이다.

김해를 잃은 건 유시민에게 친노분열의 책임을 물은 것이고, 불리해 보이던 강원에선 엄기영·안상수 듀엣의 자충수가 야당에게 힘이 됐다. 높이 평가할 곳은 역시 야권연대의 의미를 제대로 수용한 관록의 호남민심이다.

'손'과 '연대'의 승리이며, 유시민에겐 시련이며, 불법에 대한 민심의 엄중한 경고였다. 잠룡을 꿈꾸던 임태희는 낙동강 오리알이 됐고, 본전이라 자위할 법한 이재오는 완연한 뒷걸음질이었다. 박근혜로선 MB의 기대주 김태호의 선전과 휴화산 정운찬의 존재가 못내 신경 쓰일 법하다.

친구들의 댓글 교감

유ㅇㅇ _ 누가 뭐라 해도 박근혜와 손학규의 대결로 봐야 할 것 같다. 결국 한나라당 출신끼리 싸움 되겠네요? 지금부터 시작이네요.^^^^!!??

포름알데히드, 고엽제, 그리고 '괴물'

주한 미군이 경북 왜관의 미군 기지 '캠프 캐럴'에 대량의 고엽제를 불법 매립했다는 의혹이 제기됐다. 이어 부천 미군 기지 '캠프 머서'에도 대량의 화학물질을 매립했다는 퇴역 주한 미군의 증언이 나와 파문이 일고 있다.

2004년 영화감독 봉준호가 녹색연합 사무실 문을 두드렸다. 2000년 미8군 용산 기지에서 다량의 포름알데히드를 한강으로 무단 방출한 사건에 대한 이야기를 듣기 위해서였다. 2년 후 영화 〈괴물〉이 탄생했다.

재미교포 언론인 안치용 씨가 특종 보도한 부천 기지 매립 화학물질 역시 인체에 치명적인 해를 끼치는 것일 게 뻔하다.

주한 미군이야 말로 우리의 생명을 위협하는 '괴물'이었던 거다. 봉준호의 상상력이 속속 현실이 되고 있는 셈이다.

친구들의 댓글 교감

명○○ _ 어디 영화 〈괴물〉뿐이겠어여. 대부분의 공상 상상 영화들은 해피하지 않고 암울하죠. 1980년대 후반에 만들어진 블레이드 러너도 불과 30년 만에 비슷하게 현실화되기 시작했으니 말이죠.

정○○ _ 환경오염을 일깨워준 괴물처럼 내년은 오일피크 해의 시작입니다. 석유형 인간, 즉 호모 오일리쿠스가 살기 위해선 신재생에너지의 인식이 더 필요합니다. 선진국에선 이미 실용화 단계인데….

이 시대 재테크의 달인들

공직자 재산공개 결과 10명 중 7명의 재산이 늘었다고 한다. 언론은 비꼰다. 재테크의 달인들이라고. 일견 맞다. 그러나 진정한 재테크의 달인은 따로 있다. 재벌가 사람들이다. 가진 돈 불리는 데야 그들을 따를 자가 없다.

의외의 달인도 있다. 사학재단들이다. 온갖 방법으로 축적한 막대한 기금으로 부동산 투기 등 재테크에 열을 올린다. 해마다 등록금 인상을 놓고 학생들과 실랑이를 벌이는 모습과는 딴판이다. 새삼 '김예슬 선언'이 떠오른다.

"오늘 저는 대학을 그만둡니다. 진리도 우정도 정의도 없는 죽은 대학이기에…."

정치인, 공직자, 언론사, 언론인은 재벌과 사학재단의 뒤를 잇는 달인들이다. 누가 누굴 비꼴 건가. 와중에 서민들만 죽어난다.

이것이 인간인가?

15만 4000볼트 전류가 흐르는 대우조선해양 송전선 철탑에 사람이 올라 있다. 대우조선 하청노동자 조직위원회 강병재 의장이 고공농성 중이다. 《소금꽃나무》의 저자 김진숙 씨가 한진중공업 영도조선소 85호 크레인에 올라간 지 어언 3개월이다. 죽어서라도 이 땅 노동자들이 처한 척박한 현실을 세상에 알리겠다는 결의를 다지고 있다.

해마다 300명 이상의 노숙인, 부랑인들이 거리에서 생명을 놓는다. 1년에 한 번 그 쓸쓸한 원혼들을 달래려 일군의 시민들이 모여 추모제를 여는 자리에 당국은 경찰을 보내 연행으로 화답한다. 그러한 거리의 죽음에 대해 대책을 내놓거나 최소한 안타까워하는 정치인은 보지 못했다.

노동자가 파업하면 사측은 직장폐쇄로 맞선다. 직원들이 잇달아 백혈병으로 죽어나가도 당국과 업체의 '찰떡유착'에 가로막혀 제대로 된 조사조차 이루어지지 않는다. 해마다 등록금을 올리는 대학은 교내 청소 아주머니들의 그 소박한 임금조차 제대로 책정해 주지 않는다.

우리의 삶이 시대착오인 건지, 국가보안법의 건재가 시대착오적인 건지 정확히 구분되지 않는 현실이기도 하다. 백주에 자본주의를 연구하는 젊은이들을 잡아들이고 있으니 말이다. 천안함의 진실을 밝히라는 주장에는 대통령이 직접 나서서 "진실을 왜곡하고도 사과하지 않는 사람들이 있다"는 굴레를 씌워버린다.

외교관들은 자국민 보호에는 관심 없이 외도와 횡령에 열을 올린다. 이웃 나라가 큰 불행에 처한 날, 우리의 공영방송은 천연덕스럽게도 연예산업에 타격이 클 것이라는 뉴스를 내보냈다. 기독교계 원로는 "하나님을 믿지 않은 대가를 치르고 있다"는 식의 망언을 서슴지 않는다.

프리모 레비의 말이 다시금 절실히 다가온다.

"이것이 인간인가?"

친구들의 댓글 공감

서○○ _ 인간인가를 묻기 전에 생물책임가에 대한 물음이 먼저인 것 같습니다. 홍상수가 영화에서 괴물은 되지 말자고 했던 말이 절실하게 느껴지는 요즘입니다. 나는 "인간이기 이전에 죽어가는 것에 슬퍼할 줄 아는 생물이고 싶다"가 더 적절한 표현인 것 같습니다.

김○○ _ 늦은 밤 여러 가지를 생각하게 하는 글이네요.

안철수의 서울대 행과 카이스트 사태

다른 건으로 생각했고, 그게 맞을 것이다. 그러나 최근 카이스트 사태를 보며 문득 그의 이름이 떠올랐다. 안철수 카이스트 석좌교수. 그가 서울대학교로 가게 됐다는 기사와 함께….
한때 서남표식 개혁의 성과에 열광하던 우리 사회가 최근 일제히 비판 세력으로 돌아섰다. 어찌 보면 당연하지만 못내 씁쓸하다. 등록금 차등제가 원인이라는데 동의하지만 그걸 없애거나 총장만 물러나면 그만이라는 발상에는 동의할 수 없다.
근본 대책 어쩌고 하려는 게 아니다. 그랬다면 이 글 역시 허접이다. 좀 무식하게 말하련다.
"안철수 교수여, 카이스트에 있어 달라."
패닉에 빠진 제자들을 두고 어딜 가시는가. 이른바 '소셜 티쳐'로서 안철수, 정재승 등이 버텨주고 정혜신, 김형경 등 카운슬러 영입도 고려해야 한다.

친구들의 댓글 교감
김○○ _ 동감입니다. 서울대가 카이스트보다 나은 것이 하나도 없습니다.

노동자 아버지 '백'은 안 된다는 건가?

현대차 노조 '조합원 자녀 우선채용안'에 언론의 비판이 쏟아진다. 그게 옳다거나 찬성할 마음은 없다. 다만, 언론의 과도한 반응 이면엔 '노동자들 주제에 무슨?'하는 조소가 깔린 게 아닌가 싶어서다. 거리엔 명품백이 넘쳐나고, 우리 사회엔 뿌리 깊은 '백'문화가 기생한다. 사회엔 정치인 백, 검사 백, 군에 가면 장군 백, 회사에선 오너 백, 학교에선 교수 백, 교장 백. 때로 동네깡패 형도 '백'이 되곤 한다. 딱 하나, 결코 '백'이 될 수 없는 직업이 있다. 노동자다. 새삼 확인한 건 두 가지다. 노조도 운동의 방향을 잃을 수 있다는 것. 노동자는 절대 누군가의 '백'이 되려고 해서는 안 된다는 사회적 묵계. 노동자 아버지는 자식 '백' 좀 되면 안 되는가?

친구들의 댓글 교감

최ㅇㅇ _ 없는 돈 뺏는 거도 아니고, 높은 성과 내서 나누는 건데, 노동자 월급만 갖고 그럴 게 아니라 기업의 초과이윤과 그걸 독식하는 자본가부터 비판해야죠.

Kan ㅇㅇ _ 노동운동 내에서 비판이 생기는 건 어느 정도 이해가 되는데, 노조를 원래 싫어하던 사람들이 비판하기 위해 이용하는 꼴이더군요. 이럴 때 일수록 노동운동이 모범을 보여야 할텐데….

나ㅇㅇ _ 노동(勞動) – 사람이 생활에 필요한 물자를 얻기 위하여 육체적 노력이나 정신적 노력을 들이는 행위. 고로 살아있는 사람은 모두 노동자죠. 죽어서야 휴식을 얻을 수 있는…. 노동자를 '깜보는' 이들은 결국 자기 얼굴에 침 뱉는 한심한 사람들이겠죠. 우리는 그렇게 살지 말자고요. ^^

박근혜 레토릭의 절정 '닥쳐!'

살다 보면 그런 거지 우~후 말은 되지/ 모두들의 잘못인가 나는 모두 알고 있지 닥쳐/ 〈…〉/ 닥쳐 닥쳐 닥쳐 닥쳐 닥치고 내 말 들어/ 우리는 달려야 해 바보 놈이 될 순 없어/ 말~ 달리자 말 달리자…

뉴스를 보다가 문득 크라잉넛의 〈말 달리자〉가 떠올랐고 이후 내내 "닥쳐, 닥쳐, 닥쳐"를 반복해 되뇌었다. 박근혜 전 한나라당 대표 때문이다.

동생 박지만과 신삼길 삼화저축은행 회장과의 커넥션을 묻는 기자의 질문에 "본인이 확실하게 말했으니 그것으로 끝난 것"이라고 일축했다는 것이다. 바꿔서 풀이한 뜻인즉, "닥쳐!"

제아무리 간단명료하기로 소문났다지만, 이번 레토릭은 왠지 씁쓸하고 어이가 없다. 독재자 딸의 망령이 깃든 게 아니라면 언론을 향해 어찌 그런 망발을 할 수 있을까.

  친구들의 댓글 모감
: 김ㅇㅇ_ 닥쳐 닥쳐 닥쳐 닥쳐 닥치고 내 말 들어~!!!!

산사의 위대함과
번역가 이상해의 탁월함

　가끔 식구들과 함께 쇼핑센터에 간다. 그곳에서 우리 가족 다섯은 저마다의 이유로 바쁘다. 아내와 어머니가 앞장서서 찬거리를 고르느라 여념이 없을 때 딸들과 나는 딴전을 피우느라 정신이 없다.

　딴전꾼들이 가장 좋아하는 곳은 책 코너다. 아이들이 동화와 위인전, 음악 CD와 테이프 등에 넋을 놓고 있을 때 나는 책 코너를 주유하느라 정신이 없다. 누가 시킨 건 아니지만 출판계의 동향을 살펴야 하는 사명(?)이 있기 때문이다.

　좀 더 세밀하게 동향을 분석해야 할 필요를 늘 느끼는 나머지 그 중 몇 권을 쇼핑카트에 집어넣는다. 그 대목에서 빠질 수 없는 게 아내의 잔소리다.

　"어휴, 그 놈의 책?!"

어머니와 아내가 '일용할 양식'을 구하기 위해 쇼핑을 한다면, 나와 나의 공모자들은 소위 '마음의 양식(?)'을 구하기 위해 온갖 핀잔과 잔소리를 감내하며 딴전 피우기에 매진한다.

"아이들이야 아직 어려서 그렇다지만 대체 당신은 뭐하는 사람인지 모르겠어."

언젠가 도통 생활에 관심을 갖지 않는 나를 붙잡고 아내가 퍼부었던 말이다. 그때 나는 아무런 대꾸도 하지 못했다.

***

오랜만에 눈에 들어온 작가가 '샨사ShanSa'다. 《측천무후》가 유난히 빨간색의 표지를 두르고 유혹했다. 《체 게바라 평전》, 《마르크스 평전》 이후 빨간색 책표지는 평전류에선 하나의 유행이 된 듯하다. 댄 브라운Dan Brown의 《다 빈치 코드》, 전경린의 《황진이》, 샨사의 《측천무후》가 모두 빨갱이들이다. 그러나 정작 내 관심을 끈 건 샨사의 또 다른 소설 《바둑 두는 여자》.

《바둑 두는 여자》는 바둑을 소재로 한 사춘기 소녀의 성장소설이다. 그러나 이 소설에 성장소설 특유의 나른한 감상과 치기어린 모험담은 등장하지 않는다. 마치 수학적으로 계산된 듯 치밀한 구성과 섬세하고 절제미가 넘치는 문체까지 겸비해 책을 읽는 동안 독자들은 관심을 다른 데로 돌릴 겨를이 없다.

소설의 시대적 배경은 일제가 대동아공영권의 야욕을 불사르며 중국을 집어삼키기 위해 혈안이 됐던 1930년대 초반이다. 특히 청조의 마지막 황제 '푸이'를 꼭두각시로 삼으며 일제가 세운 만주국 하에서 중국의 국공연합군과 일본군의 전장으로 전락한 중국 북부의 소도시가 소설의 무대다.

소도시 첸횡의 몰락해 가는 귀족 집안의 딸인 주인공은 봉건 이데올로기와 근대화의 바람, 거기에 제국의 폭력이 한데 어울려 강한 파열음을 내고 있는 혼란의 시대를 살고 있다. 그러나 정작 그녀를 고민케 하는 건 그러한 외부의 환경만이 아니다. 그 보다 더 큰 고민은 사춘기적 통과의례로 맞닥뜨린 이성의 문제다. 그녀에게 민과 징이라는 대학생들이 나타난다. 그리고 주인공은 두 청년 사이에서 갈등한다.

한편 그녀에겐 바둑이라는 피안의 섬이 있다. 어려서부터 바둑 두기를 즐겼던 그녀는 습관적으로 바둑을 두기 위해 첸횡광장으로 달려간다. 바둑에 몰입하는 동안은 현실의 혼란이 틈입하지 않을 것임을 아는 까닭이다. 그러나 그 피안의 섬에 불현듯 혼란의 전조가 드리워진다.

***

소설의 또 다른 주인공은 일본군 청년 장교다. 그는 천황을 위한 성전에 기꺼이 목숨을 내던질 각오로 전쟁에 임했다. 사랑하는 가족을 뒤로 하고 심지어 자신에게 연정을 품고 있는 누이의 친구와 게이샤마저 뿌리치고 나선 전쟁이다. 그러나 이국에서의 고된 훈련과 치열한 전투에서 삶의 허무와 죽음에 대한 미학적 의미를 발견한 주인공은 창녀들의 비릿한 몸뚱아리를 탐닉하는 것으로 자신을 버린다. 희망 없는 인생의 전장에 내던져진 자신의 존재에 대한 자각은 새삼 그를 아프게 한다.

그가 우연한 계기로 첸횡광장에서 바둑 상대로 맞닥뜨린 중국 소녀는 신비감과 삶의 긴장을 복원케 해주는 탈출구와 같다. 그러나 그는 중국 소녀 앞에 자신의 정체를 밝힐 수도, 자신의 감정을 털어놓을 수도 없다. 자기를 알리는 유일한 방법은 수담手談일 뿐이다.

소녀 역시 무명씨에게 서서히 천착한다. 그의 이름도 모른다. 그의 직업은 물론 나이도 국적도 모른다.

혁명의 길에 접어들기 직전 자신에게 임신의 멍에를 안겼던 민은 최후의 순간 그녀의 사랑을 배신했고, 이제 남은 길은 비굴한 밀고자, 불구자로 전락한 채 자신에게 사랑을 고백하는 징과 함께 이 현실의 질곡을 벗어나는 것뿐이다.

소녀는 절망의 순간 문득 무명씨를 떠올린다. "저를 다른 세상으로 데려가 줘요." 그라면 소녀를 영원한 피안의 세계로 인도할 것이다. 숱한 수담을 통해 묵직한 삶의 의미를 느끼게 해준 그다. 그러나 소녀는 무명씨에게 아무것도 요구할 입장이 아니다. 서로는 아는 게 너무 없다. 그저 아련한 가슴앓이를 간직한 채 떠날 수밖에….

징과 함께 북경으로 도피한 소녀는 자신의 선택을 후회하며 영원한 피안의 섬이었던 첸횡광장으로 돌아가고자 한다. 그곳에 가면 어쩌면 그 무명씨가 홀연히 나타나 바둑판의 맞은편에 앉을지도 모르기 때문이다. 만약 그가 나타난다면 소녀는 그간 수담으로 나누었던 사랑을 고백할 것이다.

그들의 만남이 이루어진 때는 이미 소녀가 긴박한 상황에 내몰린 뒤였다. 일본군에 잡혀 윤간의 위험에 처한 상태에서 극적으로 서로를 확인한 둘은 그 상황을 피할 방법을 찾지 못한다. 유일한 방법은 함께 죽는 것밖에 없었다.

***

한동안 프랑스 문단을 뜨겁게 달구었던 두 명의 여성 작가가 아멜리 노통 Amelie Nothomb과 샨사였다. 그중 내 손에 먼저 닿은 건 아멜리 노통의 소설. 발랄한 상상과 경쾌한 문체에도 불구하고 그녀의 소설은 나의 취향이 아니었다. 국내 문학상을 휩쓸고 외국 진출까지 하고 있지만 여전히 낯설게만 느껴지는 김영하의 경우라고 할까.

　반면 샨사는 단 한 권의 소설로 내 감정을 사로잡아 버렸다. 그녀의 소설은 나의 상처 난 문학적 상상력에 프로이트적 치유법을 제공해 준 김형경의 소설과는 또 다른 차원의 처방전으로 읽힌다.

　샨사의 작품을 읽다보면 우선 문체의 유려함에 매료된다. 곰곰이 생각해 보니 그건 원작의 뛰어남이기도 하지만 번역의 힘이기도 했다. 샨사의 작품을 비롯한 프랑스어 번역을 전문으로 하는 이상해는 정말이지 탁월한 번역가 중 한 명이다.

　한때 이윤기나 김석희, 김난주 등에 매료됐었는데 이제 특급 번역가의 반열에 이상해를 추가해야 할 듯하다. 특히, 샨사의 《측천무후》는 이상해 번역의 힘을 여실히 보여준다. 시적이면서 비장미를 보여주는 유려한 번역문을 읽는 재미가 여간 쏠쏠한 게 아니다.

신도 버린 사람,
그러나 운명을 개척한 사람

나렌드라 자다브Narendra Jadhav의 《신도 버린 사람들》을 내려놓으며, 문득 날이 밝았다는 자각과 감당키 어려운 질문들이 머릿속에 채워지고 있음을 느낀다. '잘 산다는 것과 훌륭한 삶을 산다는 것은 무엇인가?', '인생에 있어 배움이란 어떤 의미이고 진정한 배움이란 어떤 것인가?'

대체 어떤 책이기에 가뜩이나 만성피로에 시달리는 사람을 잠 못 들게 하고, 그도 부족해 책을 내려놓자마자 무거운 질문에 짓눌리게 하는 걸까? 답하기 전에 우선 책에 대한 설명과 정리가 필요할 것 같다.

원제 《Untouchables》이 말하듯 우선 이 책은 인도에서 무려 3,500년이나 내려온 악명 높은 카스트제도와 그로 인한 인권 유린의 역사를 파헤친 충격적인 인권보고서라 할 수 있다. 또한 최

하위 카스트만도 못한 처참한 삶의 조건 속에서도 희망을 잃지 않고 꿋꿋하게 운명을 개척했던 '아웃카스트'들이 그려낸 감동적인 휴먼다큐이기도 하다.

인도의 카스트제도는 사람을 네 계급으로 구분하는 것으로 돼 있다. 그러나 넓게 보면 카스트와 아웃카스트out-cast, 두 계급으로 나뉜다. 특히 주목할 계급은 카스트(4계급: 브라만, 크샤트리아, 바이샤, 수드라)에도 들지 못했던 아웃카스트라는 존재. 이른바 '불가촉천민The Untouchables'이라 불리던 아웃카스트의 수는 놀랍게도 인도 인구의 16퍼센트인 1억6천500만 명에 달한다는 게 저자의 설명이다.

책은 불가촉천민의 척박한 삶, 사회적 편견과 폭력에 노출되었던 처참한 모습을 자세하게 증언한다. 인간이면서도 철저하게 인간 이하의 대접을 받아왔던 그들의 삶은 차마 언급하기조차 힘들 정도다. 자신들의 더러운 침이 땅에 닿지 않도록 항아리를 차고, 더러운 발로 땅에 자국을 남겨서는 안 된다는 편견 때문에 엉덩이에 빗자루를 달고 다녀야 했을 정도다.

***

이 책이 불가촉천민들의 절망적인 삶만을 그렸다면 처참함은 느낄지언정 감동은 이끌어내지 못했을 것이다. 사회적 편견과 속

박의 벽을 뛰어넘은 불가촉천민 '다무' 일가의 생생한 삶은 큰 감동을 준다. 그것을 듣고 기록하고 글로 풀어낸 이는 '인도의 살아 있는 영웅'이자 다무의 아들인 나렌드라 자다브 박사다.

책의 화자인 다무는 '달리트─억압받은 자들, 불가촉천민을 일컫는 인도어─'로서 고향에 내려가 마하르 집단의 의무를 수행하던 중이었다. 경찰서장인 상류층 카스트의 무자비한 폭력과 뿌리 깊은 편견을 참다못해 아내 '소누'의 손을 잡고 대도시 뭄바이로 거처를 옮긴다. 다무가 친지들의 비난과 지역 사회에서의 매장을 각오하고 모험을 할 수 있었던 것은 젊은 시절 우연히 접했던 암베드카르Ambedkar의 사상이 머릿속에 남아 있었기 때문.

역시 달리트 출신이면서도 간디와 더불어 인도 독립운동의 상징으로 사회적 명망을 얻고 있던 암베드카르 박사는 절망하는 달리트들에게 기회 있을 때마다 주문하곤 했다.

"교육하고 단합하고 궐기하라."

이후 다무는 도시빈민 노동자로 살면서 가족의 생계를 위해 힘겨운 생활을 이어간다. 그에겐 노동의 고통과 사회적 편견을 감내하고도 남을 만큼의 확실한 인생의 목표와 꿈이 있었다. 자신은 비천한 계급의 굴레를 덮어쓴 채 살지만 자식들은 제대로 교육해 사람대접을 받으며 살게 하겠다는….

책의 곳곳에서 발견되는 다무의 모습은 그야말로 다무지다. 어린 아들을 데리고 무작정 학교로 쳐들어가 아들을 입학시켜 달라고 생떼를 쓰는가 하면, 손가락이 잘리는 고통 속에서도 일자리를 구하기 위해 동분서주한다. 그런 생떼와 고군분투가 결국 큰일을 이루어낸다. 그의 육남매 중 첫째는 대학을 마치고 어렵기로 소문난 공무원 시험에 합격한다. 운동에 소질을 보인 다른 아들은 운동선수로, 막내아들 나렌드라 자다브는 장래의 인도준비은행장과 총리 후보로 거론될 만큼 촉망받는 경제학자이자 인도의 살아있는 영웅이 되었다.

***

이제 서두의 '무거운 질문들'에 답할 차례인 듯하다. 주변에 인도 여행을 꿈꾸는 후배들이 더러 있다. 나 역시 한동안 인도를 동경했었다. 조용한 명상의 나라이면서 위대한 영혼 간디의 조국. 종교적 엄숙성이 살아 있고 무소유를 실천하는 거리의 철학자들이 넘쳐나는 나라. 아마도 그런 것들이 인도에 대한 환상과 동경을 불러 일으켰으리라.

이제 나는 인도의 환상을 거둬들이고 있다. 《암베드카르 평전》을 접한 뒤부터다. 후배들에게도 같은 책을 권하며 인도에 대한 환상을 벗고 실체로서의 인도를 바라보라고 주문하곤 한다. 앞으로 후배들에게 한 권의 책을 더 권하게 될 듯하다. 바로 이 책《신도 버린 사람들》.

'잘 산다는 것이 무엇인지'에 대한 대답은 비록 상투적이긴 하지만 비교적 간단하게 정리할 수 있다.

'운명에 이끌리지 않고 스스로 운명을 개척하는 삶을 사는 것.'

정작 고민되는 건 '교육'이다. '진정한 배움이란 무엇인가?'라는 질문은 책을 읽는 내내 그리고 이 글을 쓰는 동안 줄곧 관심을 가졌던 화두다. 하지만 아직 결론을 내지 못하고 있다. 무학자였던 아버지 '다다'의 실천 속에서 터득한 삶의 지혜와 아버지의 희생을 통해 교육의 기회를 얻은 덕분에 훌륭한 경제학자가 될 수 있었던 아들 자다브. 그의 엘리트교육을 놓고 어떤 것이 진정 의미 있고 수준 높은 교육인지를 가늠하기 힘들기 때문이다. 그저 오래도록 내 삶의 화두가 될 모양이다.

시인의 감성으로 미술을 탐하는
최영미의 시선

어렸을 때, 정확하게는 중학교 2학년 때까지 나의 꿈은 화가였다. 2부제가 시행되던 서울 변두리의 콩나물시루 같은 교실에서 지식보다 가난과 소외를 먼저 익히며 어른들의 무관심에 방치돼 있던 작은 아이가 남몰래 호사스런 꿈을 키우고 있었다.

지금 내게서 화가를 꿈꾸었던 소년의 감성은 찾을 길이 없다. 꿈을 잃고 사는 지금 어린 시절이 한없이 그립다. 문득 기형도의 시구가 떠오르는 건 어쩌면 자연스런 일이다. 상실감과 허허로움으로 가득 찬 내 마음은 푸른 하늘 아래 발가벗겨진 채 더없는 부끄러움에 몸서리치고 있다.

한때 절망이 내 삶의 전부였던 적이 있었다.
그 절망의 내용조차 잊어버린 지금

나는 내 삶의 일부분도 알지 못한다.
이미 대지의 맛에 익숙해진 나뭇잎들은
내 초라한 위기의 발목 근처로 어지럽게 떨어진다.
오오, 그리운 생각들이란 얼마나 죽음의 편에 서 있는가.
그러나 내 사랑하는 시월의 숲은
아무런 잘못도 없다. _ 기형도 詩, '10월' 중

요즈음 잃어버린 어린 시절의 꿈들과 장단을 맞추고 있다. 문득 미술 관련 책들을 부지런히 사 모으고 있는 나를 발견한다. 좁은 아파트의 거실을 가득 채운 책장에는 미술 관련 책들이 꽤 자주 눈에 들어온다. 소설이나 사회과학 서적들의 틈바구니에 끼여 있는 그 책들은 개중 더러는 읽었고 어떤 책은 사기만 했을 뿐 아직 펼쳐보지 않은 것들도 있다.

근래 읽은 미술사 한 권이 새삼 어릴 시절의 꿈을 환기시킨다. '최영미의 서양미술 감상'이라는 부제가 붙은 《화가의 우연한 시선》이 그것. 책에 대해 말하기 전에 먼저 실토할 것이 있다. 나는 이 책을 읽은 뒤 한동안 배앓이를 했다. 저자의 예리한 감성과 수려한 문체에 그만 질투심을 느끼고 만 것. 한마디로 몹시 배가 아팠다.

제목이 암시하듯 《화가의 우연한 시선》에는 서양의 회화에 대한 뚜렷한 두 개의 시선이 있다. 하나는 그림을 그린 화가의 시선이고, 또 다른 하나는 시인의 감성을 고스란히 간직한 저자의 시선이다.

그중 나를 매혹시킨 건 단연 저자의 시선. 이 말은 자칫 화가에 대한 모독이 될 수 있다. 작품보다 훌륭한 감상이란 있을 수 없다는 게 정설이라면, 나의 이런 말투는 잘못된 것임에 틀림없다. 허나 어쩌랴, 생소하기만 한 서양의 회화보다는 최영미의 아름다운 문체만이 머릿속을 맴돌고 있으니 말이다.

***

책의 표지를 장식한 '모네Monet의 〈수련 연못, 저녁〉과 뒤표지인 '아르테미시아 젠틸레스키Artemisia Gentileschi의 〈회화의 알레고리로써 자화상〉'의 대비가 책 속에 등장하는 여러 작품에 대한 두 시선을 극명하게 보여주고 있다. 즉 표지작인 모네의 〈수련 연못〉이 화가의 시선을 표상하고 있다면 젠틸레스키의 〈회화의 알레고리로써 자화상〉은 그간 서양 미술사에서 소외돼 왔던 여성 화가에 새롭게 천착하려는 저자의 세밀한 시선을 응축하고 있다.

높은 곳보다 낮은 곳을 향하고, 화려한 그림보다 소박한 그림들에 더 주목하고 있는 저자의 시선은 한없이 따뜻하고 편안하다. 심지어 여성의 시대라 일컬어지는 로코코시대의 작품을 감상하면서도 화려한 살롱의 분위기 대신 투박하지만 삶의 냄새가 밴 부엌의 소박함을 찾는다. 마리 루아르의 〈샤틀레 후작부인의 초상〉'과 라 투르La Tour의 〈퐁파두르 부인〉을 비교하고 있는 저자의 필치에서 그와 같은 소박함을 읽을 수 있다.

"요란한 무늬 속에 파묻힌 퐁파두르 부인보다 파란색의 단색 드레스를 받쳐 입은 샤틀레 부인이 더 자연스러워 보이지요. 화가는 이 박학한 재녀才女를 진정으로 돋보이게 하는 법을 알고 있었지요. 옷이 아니라 인격을…. 이지적으로 반짝이는 검은 눈동자와 핑크빛으로 물든 뺨은 그녀가 속했던 두 세계, 차가운 이성과 뜨거운 정열을 대변합니다." _ 101쪽

풍경화를 감상하는 시선을 보면 이제 더 이상 저자의 세계관은 의심의 여지가 없다. 예술가의 감각과 정확함을 무기로 하는 세밀화보다는 비록 투박하지만 현실을 직시하거나 실존에 대한 번뇌가 담긴 그림들에 기꺼이 찬사를 바친다. 내가 이 책을 사람들에게 권하는 것은 바로 이 점 때문이다. 시종 치열한 삶의 자세를 견지하려는 저자의 자세가 나를 좌절시키는 주범인데도 말이다.

"서양미술사를 통틀어 내가 가장 좋아하는 장르는 풍경화다. 대학원에 다닐 땐 엘 그레코El Greco의 〈톨레도 풍경〉처럼 으스스한 풍경을

선호했다. 아직 세상살이에 지치지 않았던 때라, 인생의 쓴 맛을 덜 봤던 시절이라 그랬던 것 같다."_ 200쪽

그로부터 4년 후 저자의 시선은 변해 있다.

"내 집이 생기면, 어머니의 방을 따로 마련해 드릴만큼 넓은 아파트로 이사 가면 거실에 컨스터블의 〈건초마차〉를 걸고 싶다. 함께 유럽여행을 갔을 때 미술관 옆의 상점에서 어머니가 고르신 포스터가 〈건초마차〉였다. 그때는 왜 이런 싱거운 그림을 고르시나, 참 어머니도 할 수 없군, 따분해 했는데, 그게 불과 4년 전 일인데… 당신의 〈건초마차〉가 어디 처박혀 있는지 찾아야겠다."_ 208쪽, 덧붙이는 글 중

《화가의 우연한 시선》이라는 제목을 이끌어낸 작품은 베르메르 Vermeer의 〈연애편지〉다. 그러나 나는 이 화가의 시선에 매료됐다는 저자의 말에서 다소의 작위성을 엿본다. 물론 내 무지와 더딘 감성의 소치겠지만 말이다. 아무튼 저자는 베르메르의 〈연애편지〉를 보며 화가의 아주 우연한 시선이 포착해낸 일상의 나른함과 처연함을 읽어내고 있다.

지금 내가 사라져버린 어릴 시절 꿈을 떠올리며 한없는 그리움에 휩싸이는 것처럼.

신정아 해프닝,
교양부재의 사회가 낳은 부조리극

4년 전엔 학력 위조 사건으로 온 나라가 들썩이더니 이번엔, 그녀의 책을 놓고 또 다시 해프닝이 재연되고 있다. 출간과 동시에 파장은 일파만파로 퍼져나갔다.

파장이 큰 데는 본질적 문제가 있기 때문이다. 미디어의 마녀사냥과 가십성 보도, 정치권의 정치공학적 접근으로는 그 본질을 파악할 수 없을뿐더러 혼란만 가중시킬 뿐이다. 이제라도 냉정을 찾고 사건의 본질과 핵심을 파고드는 지혜를 발휘해야 한다.

재일교포 학자 서경식은 《교양, 모든 것의 시작》을 통해 '우리 시대에 인문교양은 왜 필요한가?'를 묻고 있다. 흥미로운 건 '이라크 전쟁'에 대한 그의 색다른 해석이다. 공동 저자인 노마 필드(수전 손택 여사 이후 미국 최고의 지성으로 불리는 학자)는 서 교수가 주최한 인문교양 특별강좌에 참여하게 된 동기를 고백한다.

"미국의 이라크 공격 직후 내가 정신적 공황상태에 빠져 있을 때 서 교수로부터 도발적인 전화가 왔다. '이라크 침공은 미국의 인문교양 교육이 실패했다는 의미가 아닐까요?' 처음엔 '웬 뚱딴지같은 소리'하고 생각했다. 왜냐하면 우리의 인문교양 교육에 군사공격을 저지할만한 힘 같은 게 존재할 리도 없거니와 그것을 서 교수가 과대평가하고 있다는 생각이 들었기 때문이다. 그런데 다시 생각해보면 서 교수의 발언은 세계의 반전운동 사진들을 보며 눈물만 흘리고 있던 내 무력감의 뿌리를 여지없이 헤집어 놓고 있다는 사실을 직감할 수 있었다."

노마 필드의 고백을 듣는 순간 마치 '이라크전쟁과 인문교양'이 대칭을 이룬 입체조형물처럼 엇갈려 돌고 있는 것 같은 느낌이 들기 시작했다. 순간 무릎을 쳤다. 신정아 사건 역시 근본적으로는 교양 부재 혹은 교양 교육의 결핍에서 비롯된 게 아닐까?

신정아 사건을 통해 만천하에 드러난 우리 사회의 추하고 초라한 모습을 포괄적으로 설명할 말은 과연 무엇일까? 일단 심층적인 진단이 필요하고, 그에 따라 다양한 해법이 제시될 수 있다. 그러나 그 모든 것의 시작은 역시 '교양의 부재'라는 말로 수렴될 수밖에 없을 듯하다. 그것은 또한 신정아 사건을 넘어 오늘날 우리 사회를 지배하고 있는 집단무의식, 즉 천민자본주의의 실체를 표상하는 말이기도 하다.

***

'지금 이 시대 교양은 왜 필요한가?'를 묻는 서경식 교수의 질문은 '희대의 부조리극, 신정아 사건'에 대한 새로운 분석 포인트로서 손색이 없어 보인다. 서 교수의 물음에 대한 노마 필드의 대답은 대단히 상징적이다.

"오늘날 교양은 타자에 대한 관심과 상상력이며 그것을 위해 노력하고 참여하는 것입니다."

근래 출판계에 '교양'이 범람하는 것은 기본적으로 시대의 요청일 수 있다. 그러나 달리 생각해 보면 그것들은 지식의 도구화를 부추기거나 지식편의주의라는 부작용을 일으킬 수도 있다. 간판만 따면 그만이라는 듯 학창시절의 소중한 시간들을 욕망의 노예로 혹은 계층상승을 위한 헛된 열망으로만 소비하는 것은 안타까운 일이다. '교양'이라는 상표가 붙은 지식 통조림의 뚜껑을 따는 것으로 교양을 쌓았다고 착각해선 곤란하다는 얘기다.

 친구들의 댓글 교감

한ㅇㅇ _ 와우~ 제가 꼭 확인하고 싶었던 책들을 꿰주셨습니다. 꾸벅
양ㅇㅇ _ '교양'에 대한 노마 필드의 말, 멋집니다. 그리고 뒤 이은 준영샘의 우려에 '백퍼' 동의합니다. 준영샘은 역시 멋져. ^.~

PART
03

관용, 더불어 사는 인문학

"나는 당신이 하는 말에 찬성하지는 않지만,
당신이 그렇게 말할 권리를 지켜주기 위해서라면
내 목숨이라도 기꺼이 내놓겠다."
볼테르의 말을 빌리지 않더라도 인문학의 지향점은 관용을 통해 더불어 살기이다.

인문학은 '관용'이다

"나는 당신이 하는 말에 찬성하지는 않지만, 당신이 그렇게 말할 권리를 지켜주기 위해서라면 내 목숨이라도 기꺼이 내놓겠다." _ 볼테르

가수 김흥국이 1인 시위에 나섰다. 출연 중인 프로그램에서 돌연 경질되면서다. 그는 4.27 재보궐선거 당시 선거운동을 했다는 이유로 MBC 노조로부터 비판을 받았었다.
MB정권 들어 석연찮거나, 방송 외적인 이유로 퇴출당한 진행자는 부지기수다. 윤도현, 김제동, 김미화 등이 그렇게 마이크를 내려놓았다. 특히 김미화는 '블랙리스트' 발언으로 법정에 서기도 했다. 나는 김제동, 김미화의 퇴출을 반대했다. 마찬가지로 김흥국의 퇴출도 반대한다. 대법관 홈스의 말을 떠올린다.

"사상의 자유는 우리와 의견을 같이하는 사람들을 위한 것이 아니라 우리가 증오하는 견해를 위해 존재한다."

친구들의 댓글 교감
Hwangㅇㅇ _ 멋진 말씀!
이ㅇㅇ _ 동의.
박ㅇㅇ _ me too!!

어느 노숙인의 인문학 단상

"인문학의 깊은 뜻은 잘 모릅니다. 학문적으로 설명할 수도 없습니다. 다만 저는 이렇게 표현하고 싶습니다. 16년 만에 처음으로 '사랑한다'는 말을 하게 만든 것." _《책이 저를 살렸습니다》

성 프란시스 대학 노숙인 인문학 과정 3기생 한 분이 MT 중 누군가로부터 "인문학이 뭐냐?"는 질문을 받고 했던 대답이다.
오랜 무능을 탓하며 헤어지자는 말만 되뇌던 아내는 그가 뒤늦게 공부를 시작하고, 더구나 그 공부가 인문학이라고 하니까 태도가 달라졌다. 인문학을 배운 뒤로 그는 16년 만에 처음으로 아내에게 사랑을 고백했다고도 한다.
"평소 표현하지 않던 것, 쉽게 지나쳤던 것을 다시 돌아보게 하는 것, 그것이 인문학인 것 같습니다"라고 말한 뒤 그는 부끄러운 표정을 지었다.

친구들의 댓글 교감
- 김○○ _ 전 지금도 인문정신이라든가 인문학적 소양이라든가 그런 말을 못 써요. 제가 잘 모르겠거든요. 인문학이 우리 삶에 어떻게 연결되는지 참 멋진 정의네요.

시대의 군불, 신영복 님

"미술 시간에 어머니 얼굴을 그린 친구가 있었습니다. 그제야 우리는 그 친구에게 어머니가 없다는 것을 알았습니다. 그림은 '그리워하는 것'이었습니다. 우리가 그릴 수 있는 것은 우리가 그리워하는 것뿐입니다." _ 신영복 〈그리움〉

신영복 선생을 자주 인용하게 된다. 선생의 사유를 접하는 건 그 자체로 축복이다. 선생의 글은 무엇보다 정갈해서 좋다. 군더더기라고는 없다. 앞서 인용한 '그리움'을 읽다 보면 저절로 누군가 그리워진다. 일전에 나는 선생께 '시대의 군불'이라는 경망스런 수식을 붙였다. 앞장서 내달리는 들불이나, 너와 나의 일체감을 확인시키는 광장의 촛불도 소중하지만 낮은 곳에서 조용히 우리가 앉은 자리를 덥혀주는 군불. 그 수식을 붙여놓고 빙그레 웃었다.

친구들의 댓글 교감

성OO _ 적절한 표현. 찬성합니다.^^ 가슴을 울려주는 것이 거리로 뛰쳐나가거나 마이크를 잡는 것 보다 못하지 않죠.

송해와 김미화에 거는 기대

김미화가 8년 만에 MBC 라디오에서 하차했다. 하차 뒤 사장의 압력을 폭로, 급기야 MBC PD들이 라디오본부장과 사장의 사퇴와 해명을 요구하기에 이르렀다.

개그우먼에서 시사프로그램 진행자로 변신한 그녀는 방송가의 전설이 될 뻔했다. 그러나 현실은 그녀를 전설이 아닌 전사가 되길 강요한 뒤 전사시켜 버렸다. 우리 방송계, 특히 시사 쪽에 전설이라고 할 만한 사람은 아직 없다. 전설의 연기자와 전설의 가수는 있어도 전설로 불릴 만한 시사프로그램 진행자는 전무하다.

왜 우리 방송가에는 래리 킹이나 오프라 윈프리가 없는 걸까?

24년째 〈전국노래자랑〉을 이끌고 있는 송해의 건재가 그나마 위안이다. 장르를 떠나 그의 존재 가치는 엄청나다. 제2의 송해를 기대하는 건 무리일까. 아쉽다.

친구들의 댓글 교감

Noh○○_ 우리 사회는 여전히 진화 중으로 믿고 싶습니다. 지금 김미화 씨 등을 통해 우리 사회가 배우는 과정에 있다고 봐야 하겠지요. 시사계의 송해 씨를 이제 곧 볼 수 있길 기대합니다.

사람이 '사람'인 이유

"인간은 다른 사람이 처한 고통에 함께 아파할 수 있는 유일한 생물이다."

《왜 세계의 절반은 굶주리는가?》에 등장하는 문장이다. 김용준 교수 또한 "약 30만 년 전 인류인 네안데르탈인의 유골 중에 어릴 때부터 한쪽 팔 위쪽이 절단된 것으로 추정되는 40세가량의 남자 유골이 발견됐다. 그걸 통해 우리는 평화스러운 인간상을 보게 된다."고 비슷한 예화를 들려준다.

사람이 사람인 이유를 알려주는 문장들이다. 인간 삶에 대한 공통의 반응과 대책이 곧 복지다. 얼핏 정치와 경제의 문제로 보이지만 본질적으로 복지는 인간 본성의 문제이다. 진보의 프레임에 가두거나 경제적 관점에 묶어두는 것은 잘못이다.

복지는 정치적 사안이기 전에 사람이 사람인 이유를 이해하고 실천하는 것이다.

친구들의 댓글 교감

정○○ _ 〈흐르는 강물처럼〉에서 목사 아버지가 아들 둘에게 작문 숙제를 내주는 장면이 떠오릅니다. 작은 아들(브래드핏)은 대충하고 놀러나가고 큰아들이 아버지에게 숙제 검사를 착실히 받습니다. 몇 번에 걸쳐 문장을 반으로 줄여오라는 그 과정을 되풀이 하는 장면이 나옵니다. 최 교수님의 420자 칼럼은 뭔가를 주지시키는데 딱 적당한 크기인 듯합니다. 아마도 주커버그가 그것까지 감안했는지는 모르겠지만 말입니다.

소장파 혹은 도루묵

망조가 든다 싶으면 등장하는 게 소장파다. 한나라당에서다. 그들의 등장엔 으레 쿠데타, 반란, 쇄신 등 거창한 용어들이 따라붙는다. 그러나 그들이 당의 체질을 바꿨다는 얘기를 들은 바 없다. 늘 도루묵이고, 흐지부지 각자도생 各自圖生을 모색할 뿐이다.

2006년에 그랬고, 2011년의 소장파 역시 그리 될 것이 자명하다. 이유가 있다.

하나. 진정성의 결핍이다. 어쩌다 보니 소장파의 깃발 아래 모여들긴 했지만 속내는 죄다 기존 계파의 이해와 공천을 위한 행보에 불과할 뿐이다.

둘. 공동의 가치가 없다. 가치연합으로 승화하지 못한 정파야합의 한계를 노정할 뿐이다.

이제 한나라당도 정신 좀 차렸으면 하고 바란다. 시대정신을 따르진 못할망정 거스르지나 말았으면 한다.

친구들의 댓글 교감

이ㅇㅇ _ 태생을 부정할 수 없기에 그런 기대마저 부질없음이 아닐지….
고ㅇㅇ _ '사고 처리반'처럼 등장해서 개평을 챙기죠. ㅋㅋ

열린사회로 가기 위한 똘레랑스

존중하시오, 그리하여 존중하게 하시오 respectez, et faies respecter.

프랑스의 공원에서 흔히 볼 수 있는 '잔디를 밟지 말라'는 뜻의 푯말이라고 한다. 홍세화의 《나는 빠리의 택시운전사》에 등장하는 똘레랑스의 예다. '먼저 존중함으로써 비로소 존중받는 것'을 말한다.

"당신이 존중받기를 원하면 우선 남을 존중하며, 당신의 정치적 이념과 종교적 신념이 존중받기를 원하면 우선 다른 사람의 정치적 이념과 종교적 신념을 존중하며, 당신과 다른 인종과 국적을 가진 사람을 존중하며, 그리고 당신과 다른 생활방식과 문화를 존중해야 합니다. 한마디로 '당신 것'이 존중받으려면 '남의 것'부터 존중해야 한다는 말입니다. 〈…〉 인간이 모두 똑같이 태어나지 않기 때문에 평등 개념이 창안되어야 했던 것이며, 인간이 모두 같은 이데올로기를 갖지 않기 때문에 인권 개념이 창안되어야 했던 것입니다."

홍세화의 잔잔한 외침이 우리의 막힌 귀를 뚫어주고, 감긴 눈을 뜨게 했을지는 몰라도, 적어도 억압된 체제 속에 박제된 양심을 일깨우는 데까지 나아가지는 못한 듯하다.

《희망의 사회 윤리 똘레랑스》의 저자 하승우는 '홍세화표' 똘레랑스에 대해 다음과 같이 지적한다.

"'상대에 대한 건전한 비판과 토론의 규칙을 지키자'는 홍세화식 똘레랑스는 의도의 순수성만은 인정할 수 있지만 실천의 문제가 되었을 때는 명확한 한계를 가질 수밖에 없는 '순진한 똘레랑스'"일 뿐이라고 말이다.

이어 그는 허버트 마르쿠제의 입을 빌어 "우리 사회에 진정으로 필요한 것은 홍세화식 '똘레랑스'―순진한 똘레랑스―가 아닌 '차별하는 똘레랑스'"라고 주장한다. 즉, "비판하는 사람들이 자신을 선전할 수단을 갖지 못한 채 기성 사회의 규칙을 따르는 것은 패배가 예정된 게임을 하는 것"과 같기 때문이라는 것이다.

이쯤 되면 오히려 혼란스럽다. 그래서 다시금 정리할 필요가 있다. 똘레랑스의 사전적 의미에 대해서 말이다.

***

《지식의 발견》의 저자 고명섭은 "똘레랑스를 '관용'이라고 해석하는 것은 적절치 않다"고 전제한 뒤 "똘레랑스는 라틴어 'tolerare'에 기원을 두고 있는데, '참다' '견디다'를 뜻하는 것으로 '관용'이라는 다소 권위적인 뉘앙스가 깃든 말보다는 '견딤'이나 '용인'으로 옮기는 것이 더 타당하다"고 주장한다.

덧붙여 《희망의 사회 윤리 똘레랑스》를 통해 하승우의 설명을 들으면 그 의미가 비로소 가깝게 다가온다.

"똘레랑스는 극단주의를 받아들이지 않는 '앵똘레랑스intolerance'와 짝을 이루고 있다. 똘레랑스는 극단을 부정하는 앵똘레랑스를 내포하고 있기 때문에 인종주의나 종교적 광신을 거부한다.

그래서 똘레랑스는 차이를 '긍정하는' 논리일 뿐 아니라 극단을 '부정하는' 논리이기도 하다. 바로 이 점 때문에 똘레랑스를 비판하는 것은 극단주의나 이기주의로 오해받기 쉽다."

하승우는 똘레랑스에 대한 우리 사회의 잘못된 인식을 질타한다.

"자신의 입장을 분명하게 밝히고 이성적으로 논쟁할 것을 요구하는 똘레랑스가 논쟁을 얼버무리거나 대립하는 가치를 받아들이라고 강요하는 것으로 변했다. 나를 다스리는 기준이어야 할 똘레랑스가 남을 비방하는 기준으로 변질되었다."

한편 똘레랑스라는 개념이 형성되기까지의 역사적·철학사적 과정을 짚어보면 철학자 김용석의 "사랑은 생물학적 차원의 문제이며, 이해는 철학적 차원, 용서(어떤 의미에선 똘레랑스로 해석될 수도 있는)는 종교적 차원의 문제 _《두 글자의 철학》" 라는 말이 실감난다.

똘레랑스는 지긋지긋했던 종교전쟁의 산물이며, 역사의 소용돌이 속에서 그 의미를 확장해 온 살아있는 교과서이자 교훈이다.

"진보는 불편하고 귀찮은 것이다. 똘레랑스는 앵똘레랑스와 맞서는 부담을 감수해야 하고 듣기 싫은 목소리도 들어야 하는 것이다. 대중은 그런 진보적인 삶이 불편하고 귀찮아 피하려 하고, 지식인은 그것이 옳다며 강요하려 하니 둘 사이에 틈이 벌어진다. 그 틈을 단단히 밀착시키는 힘은 웃음이다."

친구들의 댓글 교감
나ㅇㅇ _ 역지사지… 이 말이 참 좋아요. 더불어 사는 삶의 기본이 되지 않을까요?
권ㅇㅇ _ 서로의 어깨를 결고틀며 더불어 사는 삶의 의미. 우리 함께 소중하게 고민하고 간직해야 할 멋진 화두입니다.^^

나이 마흔에 '진평'을 만나다

"내 엉덩이가 얼마나 빵빵한데. 나 따라오려면 넌 아직 멀었어."
"엉덩이 타령 그만 좀 해. 지겨워 죽겠어."

〈하트 브레이커스Heart breakers〉에 나오는 대사 한 토막이다. 사기꾼 모녀로 나온 시고니 위버와 제니퍼 러브 휴잇의 좌충우돌이 시종 웃음을 자아냈지만 내 마음은 편치 않았다. 보면 볼수록 〈에일리언Alien〉에 나왔던 시고니 위버의 과거 모습이 그립기만 했다. 이 영화를 통해서는 당시의 카리스마 넘치는 강렬한 눈빛과 근육질의 건강미는 찾을 길이 없고, 그저 망가질 대로 망가진 모습만 확인하고 말았다. 그녀 역시 가는 세월을 붙잡을 수는 없었던 모양이다.

새삼 나이 든다는 것에 대해 생각해 보게 된다. 몇 년 전 마흔 언저리에서 나이가 갖는 의미를 꽤 깊이 고민했었다. 공자, 맹자를 찾고, 《논어》가 어쩌고, '불혹不惑'이 어떻고… 식어빠진 소리를 하자는 건 아니다.

당시 '마침내, 아니 결국' 40대에 접어들고만 지인은 독특한 '40대론'을 펴기도 했다. 정치권의 40대 기수론 하고는 전혀 다른 40대론이다.

"내 생각엔 말이야, 마흔은 돼야 비로소 자기 인생을 살게 되는 것 같아. 그전에는 전부 누구누구의 아들, 누구의 딸일 뿐이거든. 특히 시골 가면 그게 심해. 나도 마흔 넘으니까 그때서야 동네 어른들이 내 이름을 불러주더라고."

언젠가 민방위 훈련을 받기 위해 새벽 6시 반에 일어나 딸아이가 다니는 초등학교 운동장(훈련 소집 장소)으로 갔다. 걸어가면서 통지서를 확인해 보니 어느덧 민방위 8년차에 접어들어 있었다. 한동안은 나이 많은 게 무슨 자랑인 듯 위세의 수단으로 사용하기도 했다. 예비군을 마치고 민방위에 편입되었을 땐 누군가에게 자랑하고 싶어 안달하기도 했다. 후배들에겐 "너 여태 예비군 훈련 받니(그거 참 안됐다)?" 하고 놀리기도 했다.

지금 생각해 보면 참으로 한심하고 우스운 일이다. 나이 든 게 무슨 자랑이었으랴? 그저 부끄럽고 안타까운 일일 뿐. 8년차 민방위 교육을 받으면서 생각을 달리 갖기로 했다. 훈련 소집을 지겨워할 게 아니라 오히려 고마워하자고. 아직껏 조국의 부름을 받고 있다는 게 얼마나 자랑스러운 일인가, 하면서 말이다.

예비군 8년과 민방위 8년. 도합 16년을 훈련(정신교육 포함)받은 끝에 '마침내' 아니 '고작' 깨달았다.

'난 아직 젊은 거야. 새벽같이 일어나서 훈련을 받고 나라와 이웃을 지켜야할 만큼….'

***

전혀 개연성 없는 얘기 하나가 갑자기 머릿속으로 파고든다.

'청와대 비서관, 부부싸움 끝에 아내 목 졸라 살해'

그 비서관은 한때 나의 친구였다. 딱히 연락하고 지내던 사이는 아니었지만, '한때의 친구'로 기억하고 있는 그. 차분하고 과묵하며 신중한 성격을 가졌던 그 친구가 차마 입에 담기조차 민망한 사건의 당사자가 되었다니 납득하기 힘든 일이었다.

기사는 그 친구를 '운동권 출신 386'이라고 표현했다. 나 역시 386. 한때 그 말이 기분 좋게 들렸던 때도 있었다. 변화의 급물살을 타고 있는 현실에서 나름의 소명과 역할을 부여받은 듯 뿌듯함이 느껴지기도 했다. 그러나 지금은…. 그저 거추장스런 꼬리표일 뿐. 현실 정치에 대한 실망과 배신감 때문이기도 하고, 시대적 소임과는 거리가 먼 삶을 살고 있기 때문이기도 하다.

그럼에도 결코 간단치 않은 386의 감성은 그대로 간직하고 있다. 혼란과 방황의 20대를 보내고 30대의 찌들대로 찌든 기억을 공유하고 있는 우리네 40대 초반, 386들의 일그러진 모습. 그 속에는 실로 다양한 속성들이 얽히고설켜 있다.

나에게는, 아니 대부분의 386에게는 일종의 광기와 강박증이 있다. 그래서 슬프기도 하고 때론 그래서 극복해야 할 것이 무엇인지를 확실하게 인식하고 있다는 자부심(?)을 갖기도 한다. 그런 40대가 새삼 세인들의 관심권에, 그것도 주요 관심권에 놓이게 되었다니 한편 반갑고, 한편 부담스럽다. 근래 출판가에 등장한 새로운 트렌드가 40대라고 하니 말이다. 40대를 모토로 한 책들은 이즈음 나에게 커다란 위안이다.

윌리엄 새들러는 인생의 끝 부분을 아름답고 우아하게 만들기 위해서 인생의 각 시기에 대한 세밀한 점검을 통해 그때그때 목표를 세우고 충실히 실천해야 한다고 강조한다. 특히 40~70세에 해당하는 '서드 에이지 Third Age', 즉 '제2의 성장기'를 어떻게 보내느냐가 그 사람의 인생 전체를 좌우한다고 말한다.

"준비되지 않은 '서드 에이지'는 재앙이 될 수 있다"고 경고한다. 그의 경고가 귀에 와 닿고, 그래서 삶의 방향과 의미를 새롭게 모색하는 계기로 작용하려면, 제대로 된 역할모델이 필요할 듯하다.

***

《남자의 후반생》에 '서드 에이지'를 의미 있게 보냈던 중국 역사인물들의 이야기가 나온다. '인생의 후반기에 꽃을 피운 사람들'(공자 등), '좌절을 딛고 일어선 사람들'(소진, 사마천 등), '승부수를 던져 성공한 사람들'(유방 등), '늘 도전하며 살아간 사람들'(조조 등) 등 귀감으로 삼을 인물들이 많다.

그중 특히 관심을 끈 사람은 역설적으로 전반생에서 뛰어난 지략을 발휘하며 살았고, 후반에 들어서는 그런 예리한 지략을 감추고 드러내지 않았던 '진평'이다. 한고조 유방의 작전 참모였던 진평에 대해 사마천은 《사기》에서 다음과 같이 묘사한다.

"진평은 처음도 좋았고 그 끝도 좋았다. 뛰어난 지략이 없었다면 어찌 그런 삶이 가능했겠는가." _ 87쪽

진평처럼 처음도 끝도 무조건 화려하게 살겠다는 뜻은 아니다. 다만 능력을 과신하지 않고 나설 때와 물러설 때, 지략을 발휘해야 할 때와 묵묵하게 참아 때를 기다려야 할 순간을 판단할 줄 아는 사람, 그런 진평을 본받고 싶을 따름이다.

불혹으로 넘어가면서 20대의 치기와 섣부른 열정을 다스릴 신

중함은 독서와 사색을 통해 익혀나가기 시작했다. 착한 아내와 건강한 어머니, 귀엽고 예쁜 딸들이 있어 고통스러웠던 30대를 흉터 없이 치유할 수 있었으며, 40대 이후의 삶을 의미 있게 살아야겠다는 의무감과 책임감도 갖게 되었다. 이 정도면 됐다, 나의 40대는….

나는 어디에 있는가?

　십수 년 시위 대열에 섞여 지냈다. 오늘은 정반대의 입장에서 시위를 살펴봐야 했다. 군포지역의 시민사회단체를 중심으로 수리산 관통도로 착공 반대 집회가 열렸다. 문화 공연으로 시작된 시위는 차분하면서도 진지하게 진행됐다. 나 역시 거기 있었다. 시위대와 약간 거리를 둔 채 시위의 양상을 살펴보며 무전기를 들고 서 있는 경찰과 마치 한편이기라도 한 듯 나란히 서있었다.
　곧이어 일군의 어르신들이 모여 군포 뉴타운 개발을 반대하는 시위가 벌어졌다. 그 역시 눈여겨 살폈다. 간혹 도지사나 시장에 대한 날선 비판의 발언들이 쏟아져 나왔고, 더러는 좀 과격하다 싶은 표현들이 들려오기도 했다.
　시위의 내용이 어땠는지, 시위의 당위와 정당성을 논할 생각은 없다. 그러기엔 내 고민이 너무 빈약하고, 관찰의 밀도가 너무 허접하기 때문이다. 더군다나 내겐 그럴 자격도 책임이나 의무도 없다.

 시청으로 돌아오는 길목, 낯설지 않은 풍경이 눈에 확 들어왔다. 경찰 버스와 전경 부대가 시청 로비와 진입로 양쪽을 가득 메우고 있었다. 전경 대열 옆을 지나치는데 문득 풍겨오는 최루가스의 기억, 어느새 나는 과거의 한 순간으로 시간 여행을 떠나고 있는 듯했다.

 그랬다. 전혀 낯설지도 그렇다고 살벌하거나 공포스러운 풍경도 아니었다. 대학 시절은 물론 사회에 나와서도 자주 시위 현장에 서 있었고, 더러 격정의 눈물을 흘리거나 목이 터져라 구호를 외치며 낯선 사람과 어깨를 두르고 노래를 불러제끼곤 했었다.

 20대와 30대를 온전히 시위 현장에서 보냈다고 해도 과언이 아니다. 80년대 중반 이후, 91년 강경대 치사정국, 그리고 2002년의 촛불집회와 광우병 관련 촛불시위까지…. 서울 시내에서 벌어지는 시위란 시위는 거의 모두 나와 관계있는 것들이라 믿으며 살아왔다. 나름 열심히 참가했고 때로는 연행자 명단에 끼거나 지난한 '철농투쟁'에도 동참했다.

 그런 내가, 그랬던 내가, 감시나 정보 수집은 아니라도 어쨌든 시위 대열이 아닌 곳에서 무연히 시위 광경을 관찰하고 있었다. 이 전도된 상황, 달라진 입장이 아직도 내겐 너무 낯설고 어색하다.

 나만 그런 것일까? 인간은 어쩌면 늘 전도되거나 변화된 입장의 한계를 절감하며 살아야 하는 운명인지 모른다. 계약직이나마 시청 직원이 된 이상 시청의 입장에서 시위를 바라봐야 한다. 더러는 언론인의 입장으로 참여하거나 관찰한다. 또한 시민의 입장에서 시대의 온갖 모순과 광기, 폭력과 마주해야 할 때도 있다.

중요한 건 입장이 아닐지 모른다. 아니, 입장주의를 앞세우는 기회주의를 경계해야 한다. 정말로 중요한 건 입장이 아니라 신념과 세계관, 원칙과 당위, 정당성과 합목적성이다. 신념에 입각해서 세상을 바라볼 때 비로소 자기 자신의 진면목과 마주하게 될 것이다.

그나저나 나의 신념은 얼마나 얄팍하고 가벼운가? 또 나의 실체는 얼마나 공허하게 공중에 부유하고 있는가?

자리로 돌아와 컴퓨터를 켜니 페이스북에 "촛불 3주년, 멈출 수 없는 우리의 노래 '대한민국은 민주공화국이다'"는 메시지가 하나 들어와 있다.

3년 전 촛불 집회를 이끌었던 낯익은 이름, 전 참여연대 정책실장 박원석 님에게서 온 메시지다.

친구들의 댓글 교감
권○○ _ 찬찬히 읽어보며 공감하게 됩니다. 분명한 건 이런 고민을 할 수 있는 분이기에 어떤 자리에 어떤 형식적 입장에 서 있던 민중에 복무하실 거라는 확신입니다.

모든 책은 여행기다!

　모든 문학은 여행의 기록이다. 아니, 모든 책은 여행기다! 여행은 비단 몸의 움직임이 아니다. 몸만 움직이는 것은 단순한 '이동'이다. 몸과 마음이 함께 움직일 때 비로소 여행이다. 여행의 기록을 기행문이라는 좁은 틀에 가두는 건 부당하다. 그것은 때로 시詩이며 소설이고, 역사이며 수상隨想이다. 결국 모든 문학은 몸과 마음의 여행을 통해 길어 올린 것이다. 따라서 이 세상의 모든 책, 모든 글은 여행기일 수밖에 없다. 하물며 인문·사회과학 도서나 자연과학 서적 역시 인간의 지적·학문적 여행의 산물이라는 점에서 예외일 수 없다.

　여행기는 여행의 방식과 내용, 방향과 목적에 따라 다양한 스펙트럼을 갖는다. 근래 우리에게 다가온 여행기들은 저마다 특별한 개성을 발휘한다. 여행자(혹은 관찰자)의 입장과 상황, 경험과 사유의 깊이와 방식이 다르기 때문이다.

대상에 대한 무한한 애정을 표현하는 체 게바라의 《모터사이클 다이어리》, 대상에게 끊임없이 말 걸기를 시도하는 공지영의 《수도원기행》, 대상을 철저하게 타자화한 후 거기에 자신의 지적 경험과 세계관을 투사하는 최영미의 《시대의 우울》, 대상과의 일체화를 통해 새롭게 발아된 자의식의 심연 속으로 들어서고 있는 김훈 《자전거 여행》 등등.

거기에 하나가 추가됐다. 김형경의 《사람 풍경―심리 여행 에세이》다. 그에겐 '추가됐다'는 말이 거슬릴지 모르겠다. 무리도 아닌 게 근래 '여행기'라는 부제가 달린 책들이 봇물을 이루고 있다. 하물며 유행을 좇는 게 아니냐는 오해를 살 수도 있다. 그러나 기우다.

왜 그런가 하면, 우선 김형경은 물리적 여정의 경험들을 부차적인 것으로 내돌려 대상을 꾸미거나 수식하지 않는다. 대신 책의 중심에 자리한 것은 여행지에서 본 어떤 것이 아니라 종래 저자의 인간에 대한 고찰의 결과물이다. 따라서 책은 '어떤 곳으로'의 여행이 아니라 인간의 내면에 담긴 '무엇을 향한' 여행인 셈이다. 새삼 《사람 풍경》이라는 제목이 적절해 보인다.

***

김형경은 시종 인간 내면의 무의식의 세계를 유영한다. 그 유영 속에 들어온 사람은 실로 다양하지만 이야기의 중심은 언제나 저자 자신의 과거이고 무의식의 세계다. 따라서 책은 마치 구도자의 득도를 위한 수련서 같아 보이기도 한다.

수련은 혹독하고 냉철하다. 자신의 무의식의 심연 속에 담긴 —비록 지금은 치유됐지만— 한평생 자신을 짓눌렀던 트라우마를 하나씩 길어 올린다. 그리고 그 치유의 과정에서 겪었던 고통을 새삼 관조한다. 그 지점에서 수시로 타자의 트라우마와 맞닥뜨린다. 그리고 그것을 따뜻하게 보듬는다.

작가는 사랑을 위해서는 그 사랑의 이면인 분노를 어떻게 다스리느냐, 즉 "사랑이 생의 모든 문제의 근원이듯 사랑의 뒷면인 분노를 어떻게 처리하느냐에 따라 한 사람의 삶의 질이 좌우된다"고 강조한다.

그 외 책에는 저자 자신의 정신분석의 경험과 부지런한 독서를 통해 터득한 인간의 삶의 문제들에 대한 다양하고도 섬세한 관찰, 그리고 그 관찰을 통해 길어 올린 삶의 지혜를 터득하는 방법에 대한 내용들이 수두룩하다.

책을 읽고 있는 동안, 그리고 책을 다 읽은 뒤 나는 마치 아주 자상하고 속 깊으며, 인간에 대한 이해와 대상에 대한 완전한 공감에 몰입된 정신분석 의사와 함께 기나긴 유럽 여행을 다녀온듯 상쾌한 기분이었다.

하워드 진, 21세기 뉴욕으로
마르크스를 불러내다

겉모습만 놓고 보면 지난 2세기 동안 자본주의는 엄청난 발전과 성장을 구가해왔다. 그러나 속내를 들여다 보면 얘기가 달라진다. 썩은 내가 진동한다. 극에 달한 착취와 소외가 폭풍 전야의 위기감을 고조시키고 있다. 요는 자본주의가 지속되는 한 21세기에도 마르크스Marx가 여전히 유효하다는 거다.

보다 못한 하워드 진Howard Zinn이 파격적 발상으로 새로운 희망 만들기에 나섰다. 전전긍긍하고 있으니 차라리 자본주의 비판의 선구자 마르크스를 현실로 끌어내 다시 한 번 역사적 통찰을 보여 달라고 주문하자는 것이다.

《마르크스 뉴욕에 가다》는 그런 의도를 가졌던 하워드 진이 정성들여 지은, 그러나 다소 생뚱맞아 보이는 아담한 집이다.

진은 막 지은 집의 완공식에 지인들을 불러놓고 더할 나위 없이 진지한 어조로 자신의 속내를 드러낸다.

"나는 마르크스의 자본주의 비판이 오늘날에도 근본적으로 옳다는 것을 보여주고 싶었다."

마르크스를 자본주의의 심장 뉴욕으로 불러내는 일은 대단한 모험이 아닐 수 없다. 아직도 마르크스에 대한 편견과 오해가 사그라지지 않았기 때문이다. 심지어 소련의 붕괴를 빌미로 마르크스를 부관참시하려는 움직임마저 보이는 게 현실이다.

진의 노력에 의해 150년 만에 뉴욕에 나타난 마르크스는 ―불과 1시간이라는 극히 제한된 시간과 선동적인 발언을 하지 않겠다는 다짐을 하고서― 지나칠 정도로 차분하고 진지하기 만하다. 심지어는 자신을 다시 이승으로 보내준 저세상 관료들의 눈치까지 보고 있다. 대체 이런 인물을 온전한 마르크스라고 봐야 할지 의문스럽기도 하다.

그러나 진은 차분하게 말한다. 그게 바로 마르크스의 진면목이라고. 마르크스는 종래 무대책, 무책임한 과격분자가 아니었다. 그의 철학을 잠시 뒤로 물리고 주변 사람들을 만나보면 새삼 마르크스의 진면목을 확인할 수 있다. 아내이자 충실한 비판자였던 예니, 사상적 동지이자 영원한 친구 엥겔스Engels, 마르크스에게 거침없이 대들기도 했던 명민한 막내딸 엘레아노르, 심지어 술에 절어 마룻바닥을 뒹굴며 주먹다짐을 벌였던 미하일 바쿠닌Mikhal Bakunin 등의 모습 속에 투영된 마르크스는 오히려 정겹고 친근하게 느껴진다.

진의 의도를 간파한 마르크스 역시 시종 너스레를 늘어놓는다.

"세상에 정치경제학에 관한 것을 읽는 일보다 더 지루한 일이 있을까요? 아, 있지요. 정치경제학에 관해 쓰는 것."_ 47쪽

아내 예니의 《자본론》 비판은 뜻밖에도 거침이 없으며 정수를 찌른다.

"당신은 왜 검열 당국이 이 책의 출판을 허락했는지 알아? 이 책을 이해하지 못했기 때문이야. 그리고 다른 사람들도 그럴 거라고 생각하고…"_ 82쪽

그러나 마르크스는 마르크스다. TV 쇼에 나온 가수에게 대중을 웃기기만 하고 노래는 부르지 말라고 주문하는 것은 일종의 난센스다. 가수는 노래를 해야 하고 마르크스는 예의 자본주의를 비판해야 제격이다. 오래 에둘러온 만큼 현실자본주의에 대한 비

판 한마디쯤 문제될 것이 없다. 더구나 그것이 자기 고백의 성격을 띤 것이라면 더욱 그렇다.

"고백하건대, 나는 자본주의가 용케 살아남는 재간이 있다는 것은 미처 고려하지 못했습니다. 게다가 이 병든 체제를 살아남을 수 있게 해주는 마약이 있으리라고는 상상도 하지 않았고요. 전쟁이 산업을 계속 유지시키고, 사람들을 애국심에 불타게 함으로써 자신들의 비참한 상황을 잊게 하리라는 것도, 그리고 종교적 광신도들이 대중들에게 예수가 돌아올 거라고 약속하리라는 것도 말입니다. 나는 예수를 압니다. 그는 돌아오지 않을 겁니다. 1848년에 나는 자본주의가 몰락하고 있다는 생각을 했습니다. 틀렸지요. 하지만 그건 시기를 좀 제대로 못 맞췄을 뿐입니다. 한 200년쯤 후에는…" _ 128쪽

***

한 발 더 나가면 비로소 하워드 진이 마르크스를 현실로 불러낸 목적에 닿게 된다. 물론 조심스럽지만 기왕 내친걸음이 아닌가. 150년이라는 세월의 간극을 간단없이 뛰어넘는 위대한 철인의 모습은 한갓 시공간의 제약쯤 대수롭지 않게 여기는 듯하다.

"자본주의는 인류의 역사에서 그 유래를 찾아볼 수 없는 놀라운 성과

를 달성했습니다. 과학기술에서 놀라운 기적을 낳았지요. 그러나 자본주의는 자신의 무덤 또한 파고 있습니다. "더, 더, 더!"를 외치며 계속해서 더 많은 이익을 추구하고자 하는 자본주의의 탐욕은 세상을 혼란의 구렁텅이에 빠트립니다. 자본주의는 모든 것을 사고 팔 수 있는 상품으로 만들어 버리지요. 예술, 문학, 음악, 심지어는 아름다움 자체까지 말입니다. 그리고 자본주의는 인간도 상품으로 만들었습니다. 그래서 공장 노동자뿐 아니라 의사, 과학자, 법률가, 시인, 화가도 생존하기 위해서는 모두 자신을 팔아야 합니다. 〈…〉 사람들이 모두 자신이 노동자이고 따라서 공동의 적이 있다는 사실을 깨달으면 어떻게 될까요? 그럼 자신을 실현하기 위해, 자신의 진정한 욕구를 실현하기 위해 다른 사람들과 연대할 것입니다. 그것도 자기 나라에서만이 아니라 국경을 넘어서요." _ 129쪽

살아생전 "만국의 노동자여 단결하라!"라고 포효했던 마르크스의 '카리스마'는 100여년 만에 맞은 찰나의 환생을 통해 예의 부드러운 '속삭임'으로 변해 있다. 왠지 생경해 보인다. 그러나 곱씹어 보면 그의 말은 여전히 무겁다.

"래디컬하는 것은 바로 문제의 뿌리를 파악한다는 것입니다. 그리고 그 뿌리가 바로 우리입니다."

유쾌한 위기철의 똥침

위기철의 소설은 짧다. 분량을 말하는 게 아니다. 분량이 짧은 소설은 그냥 단편소설이라 부르면 그만이다. 그러나 위기철 소설의 짧음은 보다 구체적이며 상징적인 짧음이다.

우선 제목이 짧다. 소설집 《껌》에 나오는 여덟 편 가운데 제목이 두 글자 이하인 작품이 다섯 편이다. 〈껌〉을 포함 외자 제목의 작품도 세 편이나 된다. 제목뿐이 아니다. 문장들도 저마다 짧음을 구가한다. 간결체다.

짧음의 특징은 무엇일까? 군더더기가 없어 정갈한 느낌이 든다. 짧음 속에 도사린 다양한 상징과 기호를 읽어내는 재미를 만끽하게 해준다. 짧음은 또한 가독성을 높여준다. 위기철 소설을 읽는 데는 많은 시간을 할애할 필요가 없다. 금방 읽힌다. 그러나 여운은 오래 남는다.

연대를 거슬러 올라가며 펼쳐놓은 소설집의 맨 뒤에 실린 〈코〉

가 가장 오래된 소설일 테다. 그러나 1986년 작품인 그 소설을 나는 정확하게 20여 년이 지난 지금까지 또렷하게 기억하고 있다. 특히 〈코〉의 마지막 문장은 지금 다시 읽어도 전율을 느끼게 한다.

'거울을 통하지 않고 자신의 코를 보게 된 최초의 인간이었다.'

〈코〉는 당시 모 대학신문의 문학상 수상작이었던 것으로 기억된다. 나는 당시 대학신문에 실린 당선작 〈코〉를 읽고 적잖은 충격을 받았다. 그것은 기성 사회의 부조리에 대한 통렬한 코풀기였으며 똥침이었다. 소설 〈코〉의 아우라에 홀린 나는 그로부터 꽤 오랫동안 문학병을 앓기도 했다.

특히 당시 위기철이 썼던 당선 소감의 문체가 대단히 독특했다. 기억력이 좋은 편인 나는 그 당선 소감을 기억하고 있다가 그로부터 15년이 지난 2000년에 나의 신춘문예 당선 소감 문체로 활용하기도 했다.

〈껌〉은 작가의 반짝이는 아이디어가 간결한 문체와 웅숭깊은 상징들로 어우러진 소설이다. 이 소설을 읽다보면 문득 열심히 개미를 관찰하고 있는 베르나르 베르베르가 연상되기도 하고, 타고난 이야기꾼 파울로 코엘료의 연'글'술이 떠오르기도 한다. 둘 중 굳이 고르라면 아무래도 이야기꾼 보다는 참신한 아이디어를 글로 뽑아내는 베르베르를 닮았다고 해야 맞을 테지만 말이다.

〈껌〉의 내용인즉, 맹목적인 목적의식에 경도돼 자아를 잃어버리고 삶 자체를 유폐시켜 버리는 현대인의 비애를 표현한 것이라고 해야 할까. 뒤에 이어지는 작품 대부분이 비슷한 주제의 작품들이다. 대체로 그의 소설에는 80년대의 잔상들이 등장한다. 때론 흔들리며 불안하게, 그러나 수시로 출몰하며 독자들을 기억의 저편으로 넘어가 과거의 자신을 돌아보도록 유도한다. 해서, 때론 불편하고 두려우면서 가슴 아프게 과거의 상처를 보듬게 만든다.

그래서 이제 이해가 된다. 그런 상념의 구두점들을 굳이 끈적끈적하고 느물느물한 만연체로 풀어낼 필요가 없었던 것이리라. 그랬다간 모두 도망쳐버리고 말 것이 자명하다. 아, 뭐가 이해된다는 거냐고? 제목과 문체의 짧음 말이다.

불운한 영화 집행자,
불편한 현실 '사형제도'

　사형 폐지론자들이 펴는 주장 중엔 집행하는 교도관의 정신적 충격과 인권 침해 가능성도 담겨 있다. 직업치고는 참 얄궂은 직업이다. 먹고 살기 위해서라고 하지만, 그게 사람의 생명을 끊는 일일 땐 얘기가 다르다. 사형제도가 엄존하는 상황에서 교도관 생활을 한다는 건 그만큼 불편하고 고통스런 일이 아닐 수 없다.
　결과적으로 영화 〈집행자〉 역시 영화 속 등장인물들의 불편한 직업만큼이나 불운하게 조기 종영의 운명을 맞고 말았다. 대사와 연기의 맺고 끊기가 돋보이는 웰메이드 영화인 데다 관객의 평도 좋았던 영화가 냉혹한 자본 논리의 희생자가 되고만 것이다. 극장 측의 '교차 상영' 결정에 반기를 든 제작진과 감독이 자진해서 극장 상영을 철회했다.
　불운은 영화에만 국한된 게 아니었다. 주연배우 윤계상이 개봉을 앞둔 시점에 난데없는 '영화계 좌파 발언 논란'에 휩싸여 일대 홍역을 치르기까지 했으니 말이다.

영화 속 등장인물들 또한 죄다 불운한 환경, 불우한 과거, 불안한 자아를 가진 사람들로 구성돼 있다. 아무리 어둡고, 무거운 주제를 다룬 영화라고는 해도 등장인물 중 한 두 명 쯤은 유쾌한 성격이거나 일부러라도 행복한 모습을 보일 수 있었으련만 고집 센 감독은 끝내 일체의 타협 없이 밀어붙이고 있다.

극 초반 깨소금 같은 베드신이 딱 한 번 등장하지만, 그 역시 원치 않는 임신과 원치 않는 낙태, 원치 않는 이별을 만들어내는 모티브로 활용되었을 뿐이다.

뭐 하나 풀리는 게 없는 인생을 살아가는 종호(조재현 분)는 사형 집행 뒤 아예 정신 줄을 놔버리고, 역시 오래도록 '징역 정'을 쌓았던 사형수 성환을 떠나보낸 뒤 환멸을 느낀 김 교위(박인환 분)는 마지막 집행 후 쓸쓸한 뒷모습을 보인다.

하긴, 일찌감치 교도관 생활을 접은 옛 동료 역시 과거의 기억을 잊으려 발버둥치느라 교도관 동기 김 교위의 방문을 달가워하지 않을 정도다. 옛 동료에게 김 교위는 반가운 동료이기 이전에 기억하고 싶지 않은, 할 수만 있다면 아예 지워버리고 싶은 부끄럽고 죄스런 과거일 뿐이다.

오히려 극적인 대비를 통해 생의 다양성을 보여주고 있는 건 사형수들이다. 선량하고 천진한 사형수 성환, 희대의 살인마이자 악의 화신인 장용두. 비록 살인자라는 공통점에도 불구하고 그들이 보여준 것은 바로 인간 생명의 본질이 얼마나 다양한 모습을 띄고 있는지 보여준다.

결국 사형제도의 잔혹성과 폐해를 가장 극적으로 표상하는 것은, 원치 않는 사형집행 업무를 수행하며 괴로워하는 집행자들의 고뇌가 아니라 사형에 처할 처지에 놓인 두 살인자의 극적 대비였던 것이다.

영화 〈집행자〉가 말하고 싶었던 게 바로 그것이었을지 모른다. 삶이란, 생명이란 결코 단순하게 예단하거나 정의할 수 없는, 그 자체로 심오하고 다양한 가치를 지닌 것이라고. 한없이 가볍고, 한없이 부족한 우리 인간들이 법이라는 초라한 수단을 동원해서 함부로 범할 수 있는 것이 아니라고….

'엄마를 부탁해', 한국문학도 부탁해

"'올해의 주요 신간 15'로 선정(반즈 앤 노블), 개인서점조합 선정 '4월의 책'에 포함. '어머니의 희생이라는 주제를 보편적이고 구체적으로 풀어낸 수작'(커쿠스 리뷰), '숨이 멎는 듯한 소설'(라이브러리 저널) 등 주요 서평지의 높은 평가."(경향신문)

신경숙의 장편소설 《엄마를 부탁해》에 대한 미국의 반응이다. 다음 달 5일 번역 출간되는 《엄마를 부탁해》 Please Look After Mom가 비미국작가 데뷔작으로는 역대 최고인 초판 10만부를 발행해 화제다.
'엄마'는 세계 어디서나 통하는 보편적인 주제다. 그 보편성의 힘이 곧 신경숙의 힘이다. 더 이상 번역 타령만 할 게 아니다. 침체기 한국문학에 단비 같은 반가운 소식이다.
한국문학도 부탁해!

친구들의 댓글 교감
성ㅇㅇ _ 너무 많은 책을 추천해 주셔서 '불감당'입니다. 어리석어 골라보지도 못 하고. ^^

두 달에 3억5천만 원 버는 사람의 재산

유영숙 환경부장관 후보자의 남편이 SK텔레콤에서 두 달 일하고 3억 5천5백만 원(급여 5천5백만 원+상여금 3억 원)을 받았다고 한다.
그럴 수 있다. 능력이다. 문제는 그런 남편을 둔 유 후보자가 공개한 재산이다. 토지와 건물 포함 본인과 남편, 아들 명의의 재산을 다 합친 게 고작 11억 296만 원이라는 것이다.
11억 원이면 유 후보자 남편이 6개월 일하면 벌 수 있는 돈이다. 유 후보자 역시 계속 경제활동을 해왔다.
어찌 해석해야 할까. 유 후보 남편은 잠깐 일하고 평생 놀았다는 건가, 호화생활 하느라 버는 족족 써버렸다는 건가, 그도 저도 아니면 재산공개가 잘못된 건가.
시작이 그렇더니 여전히 그렇다. 도대체 MB정권의 장관 후보자들은 어느 나라 사람들인가.

친구들의 댓글 교감
- Lim○○ _ 노블리스 뻔뻔함. 자본주의 사회에서 돈 많은 건 문제가 아니니, 제발 당당히 벌고 당당히 자랑하셨으면 좋겠습니다. 편법으로 벌고 비굴하게 거짓말하니 노블이 없을 수밖에요.

임을 위한 행진곡

사랑도 명예도 이름도 남김 없이/ 한평생 나가자던 뜨거운 맹세/ 동지는 간데없고 깃발만 나부껴/ 새 날이 올 때까지 흔들리지 말자/ 세월은 흘러가도 산천은 안다/ 깨어나서 외치는 뜨거운 함성/ 앞서서 나가니 산자여 따르라/ 앞서서 나가니 산자여 따르라.

〈임을 위한 행진곡〉은 1981년 고 윤상원 열사와 고 박기순과의 영혼 결혼식을 형상화한 '빛의 결혼식' 피날레곡이었다. 이후 5.18의 상징이 되었다. 백기완의 미발표 시에 김종률이 곡을 붙였다.
올해 5.18 민주화운동 31주년 기념식에서 3년 만에 '임을 위한 행진곡'이 울려 퍼졌다. 유가족과 5월 단체 회원들의 눈가에 이슬이 맺혔고, 이내 흐느낌으로 번지고 말았다.
2004년 공식 추모곡으로 지정, MB정권 들어 퇴출됐다가 올해 다시 부르게 된 것이다.

친구들의 댓글 교감
: 김○○ _ 샘 글을 읽는데 저도 모르게 노래를 부르고 있네요.
  나○○ _ 노래도 좋지만 다큐 영화 '오월애'도 추천이요. 저도 아직 보진 못했지만. ^^;

실수와 사과

김진숙 씨는 "노동운동판에서 '학번 인사'가 행해지는 것을 보며 마음이 아팠다"고 밝혔다. '학출'들로 인해 노동자들이 상처를 받았다는 거였다. 이후 심상정 전 진보신당 대표가 블로그를 통해 김진숙 씨에게 사과했다. 자신도 그런 인사를 나눈 적이 있다면서.
오랫동안 마음에 담아두었던 상처를 고백한 김진숙 씨도 그렇거니와 실수를 인정하고 진솔하게 사과하는 심상정 씨 역시 멋있어 보였다.
군포시 직원들이 수업이 끝나지 않은 시간에 학교에서 체육대회를 진행해 비판을 받고 있다. 골자는 학생들의 수업권을 침해했다는 거였다. 시는 곧바로 공식 사과했다. 실수는 얄궂지만 변명에 급급하기보다 신속하게 사과한 것은 다행스럽다.
누구나 실수는 할 수 있다. 중요한 건 그 다음이다.

친구들의 댓글 공감

이○○ _ 아름다운 결정. 어찌 되었든 직원들을 격려하자는 의미였으나, 충분한 예상과 대처를 하지 못한 부서에서는 책임을 져야 하고, 시 집행부의 일방통행식 추진은 이젠 검토, 다시 한 번 소통을 절감, 부끄럽습니다. 다 같이 반성하는 계기가 되길.

블러드 다이아몬드

다이아몬드는 사랑과 정절, 부유함과 화려함의 상징이다. 그러나 '블러드 다이아몬드'는 아프리카의 비극을 상징한다. 시에라리온에서 채굴되어 무기 구입을 위해 밀거래되는 '분쟁 다이아몬드'라는 의미로 통한다.

검찰은 은진수 감사위원이 부산저축은행에서 청탁과 함께 물방울 다이아몬드를 비롯해 억대의 금품을 받았다는 진술을 확보, 수사에 착수했다고 한다.

검사 출신 은진수는 한나라당 수석부대변인을 거쳐 대통령선거 당시 MB캠프에서 법률 지원단장을 지냈고 'BBK 사건' 때는 변호인으로, 이후 대통령직인수위원회 법무행정분과 자문위원을 맡았다.

블러드 다이아몬드가 시에라리온의 비극을 상징한다면, 은진수의 물방울 다이아몬드는 서민들의 피와 땀, 희망의 씨앗을 짓밟은 한국판 블러드 다이아몬드인 셈이다.

친구들의 댓글 교감
성○○ _ 참 재밌는 비교입니다. ^^ 역쉬~~!!
최○○ _ 블러드 다이아몬드라… 스스로에게 부끄러운 것을 안다면 이런 꼴들은 안 볼 수도 있을 텐데, 이런저런 일들로 많이 부끄러운 요즘입니다.

김정일도 '상실의 시대'를 읽었을까?

김정일도 장춘행 기차에서 《상실의 시대》를 읽었을까? 서울에서 나고 자란 내게 기차 여행의 추억은 오롯이 춘천행 기차와 통기타, 하루키로 점철돼 있어서 해본 이야기다.

그가 교통체증을 유발하면서까지 기차를 고집하는 이유는 뭘까? 해석이 분분하다. 언론은 중국의 발전상을 차분하게 관찰하려는 의중이라고 추측한다. 그밖에 북한의 비행기가 낡아서, 고소공포증 때문, 테러를 피하기 위해, 천천히 움직이며 관심을 유도하기 위해, 중국 당국자를 대동하고 다니려고, 선물 챙기기 좋아서 등등을 꼽는다.

내 생각엔 중국과 북한은 하나로 연결되어 있다는 것, 그렇게 가깝다는 걸 보여주려는 게 아닐까 싶다. 그나저나 이번 방중은 외형은 화려했지만 얻은 것보다 잃은 게 더 많아 보이니….

친구들의 댓글 교감

정ㅇㅇ _ 바이칼 알혼섬 샤먼을 만났을 때 일입니다. 사우스 south, 노스north 묻길래, 사우스south 라고 대답했더니, 마음이 놓였는지 김정일 욕을 해대는 겁니다. 그렇게 미워하는 이유가 뭐냐는 질문에 아주 중요한 약속이 있어서 모스크바에 가는데 김정일 열차 통과로 심한 연착이 되었답니다.

사람은 변하는가?

파르메니데스Parmenides의 '감각적 착각'에 대척해 '모든 것은 변화의 과정'이라고 봤던 이는 헤라클레이토스Heracleitos였다.
특히 "세계는 지속적인 여러 '대립상'으로 규정할 수 있다"는 그의 주장은 선과 악, 낮과 밤, 전쟁과 평화, 배부름과 굶주림 등 세계 전체를 포괄하는 것은 바로 신이며, 신은 부단히 변하는 모순에 가득 찬 자연이라고 했다.
노숙인 인문학 강의실은 언제나 본성은 변할 수 없다고 주장하는 파르메니데스와 모든 것은 변한다는 헤라클레이토스가 격돌하는 현장이었던 셈이다.
7년 동안 경험을 종합해 보면 '헤라클레이토스의 망치'를 손에 잡은 느낌이다. 인간은 언제나 상상력과 성찰을 통해 고난을 극복해 가기 마련이고, 노숙인도 예외일 수는 없다. 문제는 의지이다. 인문학은 의지를 북돋는다.

친구들의 댓글 교감
· 나ㅇㅇ _ "인간은 변화한다"에 한 표! 변화할 수 없이 고정된 인간이란 상상만 해도 끔찍하죠. 우리 모두 좋게 변화하려 계속 노력하자고요. ^^

루저 문화

2년 전 방송에서 튀어나온 이후 '루저loser'는 하나의 문화현상이 되었다. '엄친아'의 반대편에 '루저'가 있듯, 주류 문화에서 빗겨난 곳에 루저 문화가 있다.

투팍Tupac과 에미넴Eminem으로 대표되는 서구의 루저 문화는 70년대 영국의 펑크, 90년대 미국의 '그런지'와 연결된다. 승자독식의 현실에 대한 저항인 셈이다. '장기하와 얼굴들'의 노랫말 역시 그러한 정서를 담고 있다.

루저 문학도 있다. 오쿠다 히데오의 《스무살, 도쿄》, 폴 오스터Paul Auster의 《달의 궁전》 등이다. 우리나라에서는 조세희의 《난장이가 쏘아 올린 작은 공》이 대표적이다.

《철수 사용 설명서》의 전석순 씨가 제35회 오늘의 작가상을 수상했다. 낙오된 청춘 '철수'를 통해 루저 문학의 극단을 선보인다는 심사평이다. 루저의 문단 습격인 셈이다.

친구들의 댓글 교감
이ㅇㅇ _ 루저 스피릿으로 20대를 보낸 저로서는 공감 1000%. 펑크, 그런지 모두 저랑 무척 친했어요.
이ㅇㅇ _ 루저 문학. 인상적이네요^^
나ㅇㅇ _ 저도 루저인데, 근데 루저가 전체의 80% 정도 되지 않나요? 2:8법칙에 의하면 주도권을 가진 주류란 20% 정도. 80%인 루저가 제대로 대접받는 세상이 빨리 오길 바랍니다. ㅋ
Limㅇㅇ_ 하지만 이렇게 언급되는 순간, 위너로 승격.
정ㅇㅇ _ 루저에 관한 탁월한 해석이네요(아첨이 아님).

'돈까스', '함박스텍'이
미국 식당에 없는 이유

"오늘은 쪼시가 좋은 날이다. 세수를 하고 난닝구, 빤쓰 위에 메리야스 내복을 입으니 어머니께서 아침 밥상을 들여오셨다. 얼른 독꾸리 하나를 더 걸친 다음 밥상에 달라붙었다. 워낙 여러 사람이 함께 먹는 밥상이라 부지런히 숟가락을 놀리지 않으면 왕거니 하나 못 건져 먹는 게 우리 집 밥상이다. 아침을 먹고 다시 등교 준비, 곤색 교복 우와기를 걸치고 거울을 보니 에리가 삐뚤어져 있기에 바로 잡고 호꾸를 채웠다. 〈…〉 어느새 식구들 모두 출근 채비로 부산하다. 막내 고모는 세라복을 입고 거울을 수십 번도 더 들여다본다. 작은 아버지는 오늘 관공서라도 가시는지 와이샤쓰에 조끼에 즈봉에 가다마이로 쭉 뽑으셨다. 옆에서 보니 삐까삐까한 게 고급 기지인 듯싶었다. 거기에다 오바까지 걸치니 완전히 영국 신사가 되었다. 부엌을 보니 어머니는 몸뻬를 입은 채 가마솥에서 누룽지를 긁고 계셨다."

윗글은 《빠꾸와 오라이》의 저자 황대권이 '초등학교 3학년 때 쓴 일기'라고 한다. 어림잡아 40년 전쯤 쓰인 이 일기는 그 당시 초등학생의 말 습관은 물론 서민가정의 생활상을 확인할 수 있다. 여기서 특히 눈여겨 볼 것은 부지기수로 등장하는 일본말이다.

와이셔츠: 흰 셔츠. white shirts에서 w를 빼고 부른 말
조끼 : 자케. 포르투갈어 jaque
가다마이 : 싱글 양복. 더블 양복은 '료마에'
오바 : 오버 코트. over coat
난닝구 : 러닝 셔츠
빤스 : 팬티 pants
즈봉 : 바지 trousers
메리야쓰 : medidas
세라복 : 여학생 교복, 세라는 sailor 해군복장 비슷한 데서 유래

***

특히 저자가 주목한 것은 우리의 일상 속에 깊숙이 뿌리 박혀 있는 일본어 같지 않은 일본어, 즉 국어인 줄로 착각하면서 쓰고 있는 일본어들이다. 오랜 수형생활을 통해 시간 보내는 법을 터득한 저자가 감옥에서 일본어 사전을 낱낱이 파헤친 끝에 밝혀낸

우리말에 뿌리박은 일본어는 수도 없이 많다.

크레파스 : 크레용 + 파스텔
무데뽀 : 앞뒤 가리지 않고 무턱대고 밀어붙이는 행동
곤조 : 일본에선 긍정적, 우리나라에선 부정적 의미로 쓰임
뗑깡 : 간질의 일본 발음, 응석 부리기
단도리 : 마무리, 단속
기스 : 상처, 흠
니야까 : 손수레 rear car

간혹 '돈까스, 함박스텍 등은 분명 양식인데 왜 외국 식당의 메뉴판에는 없는 걸까?' 이런 생각을 해본 적은 없는지 질문하고 싶다. 그 이유는 간단하다. 죄다 일본식 발음을 본떴기 때문이다.

함박스텍 : 햄버거 스테이크 hamburg steak
돈까스 : 포크커틀릿 pork cutlet
비후까스 : 비프커틀릿 beef cutlet
고로께 : 크로켓 croquette. 고기, 감자, 야채 등을 으깨어서 동그랗게 빚은 뒤 빵가루 입힌 튀김
오므라이스 : 서양에는 없는 요리

그 외 일상의 곳곳에 침투해 있는 일본어들은 제아무리 독도문제가 심각해지고, 정신대 할머니들의 고투가 이어지고 있어도 여전히 위세를 부리고 있다.

어린아이들의 구슬치기(깔빼기, 다마, 으찌 니 쌈, 야도, 야마시 등), 남자들이 즐기는 당구 용어(후로꾸, 히네루, 히야까시, 겐세이, 아데, 하꼬 등), 중국음식이 나오는 중식당(덴뿌라, 짬뽕, 다꾸앙, 와리바시, 고뿌, 사라, 다마네기 등), 심지어 노동현장(기레빠시, 데마찌, 하리꼬미, 시아게, 멕끼 등등)에 나가보면 더 이상 일본어는 외래어가 아닌 모국어 수준의 의사소통 수단이다.

일제로부터 해방된 지도 반세기에서 벌써 10년이 더 지났다. 그러나 아직도 우리사회에는 일제의 잔재가 넘쳐난다. 정치, 경제, 역사 문제도 중요하지만 그 이전에 먼저 우리네 언어 습관 속에 뿌리박혀 있는 일본어의 잔재를 없애야 하는 게 아닐까? 새삼 저자의 수고에 경의를 표한다.

친구들의 댓글 교감
한광원 _ 뻬루 한 코프 마시고 나니 아리까리하네. 니뽄에 성금 보내는 게 잘하는 건지?

내겐 너무 달콤한 영화

　영화를 보다가, 그 영화가 너무 예뻐서—여배우가 아니라—영화 자체가 너무 아름다워서 울어본 적 있는지? 무슨 해괴한 소리냐고? 말 그대로, 그냥 영화가 너무 예쁘고 아름다워서 자신도 모르게 눈물을 흘려 본 적이 있는지….

　겸연쩍지만 그런 경험이 여러 번 있었다. 우선 떠오르는 영화는 〈시네마천국〉이다. 정말로 눈물이 주르륵 흘러내렸다. 또 어떤 영화가 있었는지 곰곰 생각해 보니 어쩌면 〈밀리언 달러 베이비〉도 그런 비슷한 느낌의 영화였던 것 같고…. 아, 언젠가 집에서 아내와 아이들과 함께 본 대만영화 〈청설〉이 꼭 그런 영화였다.

　줄줄이 줄거리를 읊다보면 스포일러가 될 것 같아서 그만둔다. 특히 이 영화는 스포일러주의보를 내려야 할 필요가 있다. 대신 느낌이랄까, 감동이랄까…. 그런 걸 말해보려고 한다.

　날 울린 건 아주 단순하고, 실은 아무것도 아닌 것일지도 모른다. 두 가지 정도가 감동의 이유였던 것 같다. 하나는 '어쩌면 사람이 저토록 순수하고 착하고 예쁜 마음을 가질 수 있는 걸까' 하는 거였고, 또 다른 하나는 너무나 부러운 자매간의 우애였다. 로맨틱 영화인데도 사랑 이야기보다는 엉뚱한 데서 빵 터졌다고 할까.

보통 자매가 등장하는 영화의 기본 구도는 둘 중 하나가 확실히 악녀이거나 푼수여야 하는데, 이 영화의 자매인 샤오펑(언니, 천옌시 분)과 양양(동생, 천이한 분)은 둘 다 무척 예쁘고 착하고 사랑스러웠다.

나 역시 두 자매(다정, 다애)를 키우는 아빠여서 더 그랬는지 모르겠지만 그게 또 너무나 감동적이고 절절하게 와 닿았다. 제발 덕분에 우리 다정, 다애도 저런 우애와 사랑을 가졌으면 하면서 말이다. 아무튼 별것 아닐 수 있는 것이 나를 울리고 말았다. 참 나…. 늙은 건가?

하비 밀크의 생애와 '종로의 기적'

1996년 제1회 인권영화제에서 본 〈하비 밀크의 생애〉가 퍽 인상적이었다. 실은 충격이었다. 평범했던 밀크가 성소수자가 되는 과정도, 백색테러를 당하는 것도, 그에 면죄부를 주는 미국 법정의 보수성도 그랬다.

애플사의 로고에도 성소수자 앨런 튜링Allan Turing의 삶이 녹아있다. 스티브 잡스Steve Jobs는 어쩌면 최초 컴퓨터시스템 고안자 튜링 못지않게, 성소수자 튜링을 추모하고 싶었을지 모른다.

2010년 제15회 인권영화제의 개막작이었던 다큐멘터리 〈종로의 기적〉이 최근 개봉됐다. 성소수자의 사랑 이야기가 유쾌하고 당당하게 묘사됐다 한다.

서울 LGBT영화제가 2일부터 서울아트시네마에서 개최된다. 레즈비언(L) 게이(G) 바이섹슈얼(B) 트랜스젠더(T) 등 다양한 성소수자들의 이야기를 담은 영화제이다.

친구들의 댓글 교감
권○○_아~보고 싶당.

'캄프 누'와 서울광장

세계 최강 '바르샤'(FC 바르셀로나)의 홈 경기장 '캄프 누Camp Nou', '새 구장'은 단순한 축구장이 아니다. 그 이상의 의미를 가진 카탈루냐의 해방공간이다.

바르셀로나가 속한 카탈루냐는 19세기부터 자치공화국 수립과 카탈루냐어 공용화를 주장하며 스페인 중앙정부와 맞서왔다.

독재자 프랑코는 카탈루냐어의 사용을 금지했다. 한편 '캄프 누'에서만큼은 카탈루냐어의 사용을 허용했다. 폭동을 막기 위해서였다. 해방공간 캄프 누의 탄생이었다.

6.10항쟁 24주년을 맞아 광화문을 찾았다. 대학생 4만여 명이 청계천변에 집결해 반값 등록금 시위를 벌이고 있었고 서울광장에선 호국의 달 음악회가 열리고 있었다.

캄프 누가 해방공간인데 반해 서울광장은 여전히 동토의 광장이었다.

친구들의 댓글 교감

성○○ _ 그래서 저는 서울광장이 싫습니다. 없는 게 낫지 않아서 자꾸 돌아보게 하는 것, 그냥 무시하는 편이 낫다는…. ^^

85호 크레인 밑에 앉아

동이 튼다. 한진중공업 공장 가운데 우뚝 선 85호 크레인 위로 눈이 부시게 해가 솟아오른다.

문화패 '날라리'의 힘찬 '뽕짝' 메들리에도 아랑곳없이 동트는 신새벽의 공기는 차갑다. 35m 공중에 떠있는 김진숙은 또 얼마나 추울까, 이내 움츠렸던 몸을 곤추세워 본다.

갓난아기를 안고 무대에 올라온 해고 노동자 아내의 목소리가 잠시 떨렸을 뿐 누구 하나 불안해하지 않는다. 아기는 엄마의 절규와 청중들의 아우성을 헤아리듯 사려 깊은 잠을 잔다.

김진숙이 크레인 밖으로 고개를 빼꼼히 내밀고 손을 흔든다. 그렇게 모두가 날밤을 새웠건만 달라진 건 없다. 김진숙은 여전히 크레인 위에 있을 것이다. 해고노동자는 여전히 힘겨운 복직투쟁을 할 것이다. 머리 위 펼침막 문구가 흥통을 유발한다.

"해고는 살인이다."

친구들의 댓글 모감
맹ㅇㅇ _ 대단한 열정이십니다. 거기까지 내려와 밤을 밝히시니…. 가슴이 뜨거운 동지들이 있어 그래도 마음속은 춥지 않았기를 바랍니다.
성ㅇㅇ _ 쩡~~합니다.

펠레의 저주 VS YS의 저주

2002년 한일월드컵. 축구황제 펠레는 프랑스를 우승 후보로 점찍었다. 프랑스는 본선에서 단 1승도 거두지 못했다. 태극전사와 폴란드의 경기에서 황선홍이 골을 넣자 펠레는 "저 선수는 대회 후 명문 팀의 러브콜을 받게 될 것"이라고 예측했다. 월드컵 후 황선홍은 은퇴했다.

독일 월드컵, 펠레는 우리의 16강을 예상했지만, 우리는 17위로 탈락했다. '펠레의 저주'다.

"대선 후보 중에 마음에 드는 사람이 있고, 그가 당선될 가능성이 크지만 구체적으로 이름을 대지는 않겠다." YS의 말이다. "내가 생각하는 게 있으며 그 전망이 거의 맞을 것이라고 본다"고도 했다.

지난해 지방선거 역시 한나라당의 낙승을 예상했지만 결과는 반대로 나타났다. 이른바 'YS의 저주'인 셈이다.

친구들의 댓글 교감
한○○ _ 펠레. 94년에는 콜롬비아를 찍었다가 자살골 넣고 총 맞아 죽은 에스코바르도 떠오르네요.

'노사모'에서 '박사모'까지, 정치인 팬클럽

지난 주말 '박근혜를 사랑하는 모임' 7주년 행사가 열렸다. 당사자는 축전만 보냈지만 한나라당 전·현직 의원들이 대거 참석, 세를 과시했다. 회원 수도 20만 명이 넘는다고 한다.

정치인 팬클럽은 '노사모'로부터 출발했다. 2002년 인터넷에서 정치토론이 활발해지면서 자신이 지지하는 정치인을 중심으로 그룹을 짓는 문화가 생겨났다. 창사랑(이회창), 재오사랑(이재오), 문수사랑(김문수), 손에손잡고(손학규), 시민광장(유시민), 정통들(정동영) 등이 이어졌다.

정치인 팬클럽은 때로 정치적 동반관계를 형성하기도 한다. 그러나 맹목적인 지지와 편 가르기, 상대에 대한 지나친 헐뜯기, 이권 개입 등 폐해도 만만치 않다. 박빠, 정빠, 노빠, 유빠라는 비아냥은 그래서 나온다.

친구들의 댓글 교감

정○○ _ 손학규, 정동영, 박지원. 이 세 명이 텔레비전 뉴스에 나오는 걸 엄청 싫어한다죠. 그것도 꼭 붙어 다녀요. 깡패도 아닌데, 주변에서 그런 얘기 안 할까요?

서○○ _ 정치가 더러운 것으로만 취급받는 세상에서 연예인처럼 정치인 팬클럽이 생겨나는 건 긍정적인 면이 있다고 봅니다. 다만 연예인 팬클럽 회원들이 나이 들면서 이성적으로 대상을 바라보게 되듯 정치인 팬클럽 회원들도 시간이 지나면 좀 더 어른스러워져야 하는데 그러지 못하는 것 같아 아쉽네요.

임명직은 안 되고, 선출직은 괜찮다?

김태호 전 경남지사가 4.27 재보선 '김해을' 한나라당 후보로 선정됐다. 예상됐던 일이지만 유감이다. 임명직에서 결격이 드러난 사람을 곧바로 선출직 후보로 만들어도 되는 건지 한나라당에 묻고 싶다.
국민을 우롱하는 일이다. 국회청문회는 무섭고, 국민청문회는 우습다는 말인가. 유권자들이 현명하게 판단하겠지만 새삼 한나라당과 김태호의 뻔뻔스러움에 치가 떨린다.
김태호 자신도 그렇다. 온 국민 앞에서 망신당한 지 엊그제다. 자숙하는 모습을 보여야 다시 기회가 올 수 있다. 불과 몇 개월 만에 출마하는 건 어이없는 일이다. 무엇보다 자칫하면 김해시민 모두를 거짓말쟁이로 전락시킬 수 있는 일임을 자각해야 한다. 지역구 국회의원은 지역 주민들을 대표하는 사람이다.

친구들의 댓글 교감
허ㅇㅇ _ 국회 청문회는 무섭고, 국민청문회는 우습다?
차ㅇㅇ _ 언제나처럼 반복되는 일~ 이젠 새롭지도 놀랍지도 않습니다.

진보의 '진짜' 한계

누군가와 함께하길 원한다면 상대에게 무엇을 요구하기 전에 먼저 무엇을 줄 수 있는지를 살펴야 한다. 그게 진정성이다. 그런 마음으로 간절히 원할 때 온 우주가 나서서 도와줄 것이다.

진보신당의 당 대회가 아쉬웠던 건 그래서다. 내어줄 것보다 상대에게 요구할 것에 초점을 맞춘 논의였던 듯 싶다. 우리가 뭘 가졌기에 내어줄 게 뭐냐? 반문할 사람이 있을지 모르겠다. 그러나 그게 바로 정치적 상상력이다. 진중권이 '상상력의 한계'를 거론한 이유이다. 어쩌면 그건 곧 진중권의 한계일 수도 있다. 아니, 진보진영 전체의 한계이자 현실일지도 모른다. 행동으로 실천하며 헌신하는 사람은 적고, '훈수꾼'만 득실대는 것. 그래서 고래로 진보는 분열로 망했다고 하지 않는가.

친구들의 댓글 교감
정○○_ '진보는 분열로 망했다'에 백만 스물 한 표.
명○○_ 우리말이든 영어든, 주고받기 give and take이지, 받고 주기 take and give 가 아닌데, 왜, "일단 줘봐" 이런 식으로 교감하려 하는지….

연애소설 읽는 노인

　자연을 연구하면 지식을 얻을 수 있다. 영국의 생물학자 찰스 다윈은 아마존의 밀림 속에서 자연의 생명활동에 관한 지식을 얻었다. 그 지식의 총화가 진화론이다. 다윈의 진화론은 인류의 자연에 대한 이해를 확장시켜 주었다.
　지식을 얻기 위해서라면 자연을 탐구하면 된다. 그러나 그것은 지식일 뿐 지혜가 아니다. 지혜를 얻고자 한다면 자연을 탐구하는 것만으론 부족하다. 삶의 지혜와 생명활동의 본질을 깨닫기 위해서는 이해의 대상으로서의 자연이 아닌 더불어 사는 융화하는 자연이어야 한다. 그러나 이미 문명이라는 이름의 야만성에 길들여진 인간이 자연을 통해 지혜를 터득하기는 쉽지 않아 보인다. 지혜를 얻기 위해서는 엄청난 고통을 감내해야 한다. 그 고통의 끝에는 때로 삶이 아닌 죽음이 기다리고 있기도 하다.
　루이스 세풀베다의 《연애소설 읽는 노인》은 자연을 통해 삶의 지혜를 터득한 한 노인의 삶을 이야기하고 있다. 작가, 혹은 작품 속 노인은 자연을 단순히 이해의 대상으로 보지 않는다. 그들의 자연은 더불어 함께 하는 생명의 원천 그 자체이다.

세상에는 두 부류의 사람이 있다. 자연과 더불어 살려는 사람과 자연은 편의에 따라 파괴해도 된다고 생각하는 사람. 불행하게도 그동안 세상의 거의 모든 작가들은 후자의 편에 서 있었다. 작가들은 자연의 아름다움과 소중함에 대해서는 즐겨 썼지만 정작 인간의 자연 파괴적 행위에 대해서는 입을 다물고 있었다. 그것은 명백한 직무유기였다. 거기에 반기를 든 작가가 바로 '루이스 세풀베다'다.

그의 첫 소설 《연애소설 읽는 노인》은 환경문제를 정면으로 다룬 최초의 소설이다. 소설은 문명과 개발이라는 이름으로 자행되고 있는 몰지각한 인간들의 자연파괴 행위에 대한 준열한 비판이면서 동시에 자연의 위대한 생명력과 생명활동에 대한 경배의 메시지이기도 하다.

***

소설에는 아마존 밀림 한 가운데서 외롭게 살고 있는 안토니오 호세 볼리바르 프로아뇨라는 노인이 등장한다. 노인은 생뚱맞게도 연애소설에 탐닉한다. 그 이유가 뭘까? 그 설정의 의미가 뭘까? 낯설고 어울리지 않는 장면을 그려놓은 작가의 의도는 무엇일까?

문맹을 겨우 벗은 짧은 글 실력을 가진, 더구나 평생 사랑 혹은 연애감정과는 거리가 먼 고달픈 삶을 살아 온 밀림의 노인이 연애소설에 탐닉하는 것은 자연의 진정한 의미와 생명의 원리도 모르는 인간들이 친환경개발론이니, 자원활용론이니 하는 경제 논리를 앞세워 자연을 무참히 짓밟고 유린하는 현실 세계에 대한 신랄한 풍자가 아닐까?

안토니오 호세 볼리바르 프로아뇨는 가난과 주위의 편견을 피해 아마존의 밀림으로 이주한다.

이주하자마자 깨달은 건 정부의 무책임과 무성의에 대한 배신감이다. 밀림의 생활 방식을 이해하지 못한 이주민들은 불과 2년도 안 돼 대부분 생명을 잃는다.

거기엔 안토니오 호세 볼리바르 프로아뇨의 아내도 포함돼 있다. 한편 질기디질긴 게 또한 인간의 생명력이기도 하다. 우기에 아내를 잃은 노인 역시 뱀에 물려 사경을 헤매지만 다행이 밀림의 원주민인 수아르 족의 도움으로 가까스로 목숨을 건지게 된다. 그때부터 노인은 수아르 족으로서의 삶을 시작한다.

그것은 곧 밀림의 법칙을 이해하는 과정이며, 그 대자연의 법칙에서 삶의 지혜를 터득해 나가는 과정이었다. 나이 들어 더 이상

수아르 족과 함께 지낼 수 없게 된 노인은 엘 이딜리오의 선착장 한쪽에 집을 짓고 혼자만의 생활을 시작한다. 유일한 즐거움은 치과의사가 구해 온 연애소설을 읽는 것이다. 노인이 처한 또 하나의 현실은 여전히 한쪽 발을 담그고 있는 문명세계와의 끈이다.

어느 날 양키의 주검을 발견한 마을의 독재자 뚱보 읍장이 다짜고짜 원주민을 살인범으로 지목한다. 이를 말리려 나섰던 노인은 읍장의 체면을 구겼다는 이유로 자신이 지목한 양키의 살해범 암살쾡이와 한판 승부를 벌여야 하는 숙명을 짊어지게 된다. 우여곡절 끝에 노인은 암살쾡이와의 대결에서 승리하지만 그것은 썩 기분 좋은 승리가 아니다.

틀니를 꺼내 손수건으로 감쌌다. 그는 그 비극을 시작하게 만든 백인에게, 읍장에게 금을 찾는 노다지꾼에게, 아니 아마존의 처녀성을 유린하는 모든 이들에게 저주를 퍼부으며 낫칼로 쳐낸 긴 나뭇가지에 몸을 의지한 채 엘 이딜리오를 향해, 이따금 인간들의 야만성을 잊게 해주는, 세상의 아름다운 언어로 사랑을 얘기하는, 연애 소설이 있는 그의 오두막을 향해 걸음을 떼기 시작했다. _180쪽

인간의 자연파괴적 행각들이 빚어낸 밀림의 혼란, 그 혼란의 소용돌이에 휩쓸려 소중한 삶의 보금자리를 잃고만 원주민 수아

르 족과 야생동물들, 그리고 무엇보다 그들의 불행을 이해하면서도 그들과 맞서는 운명을 짊어지게 된 노인, 그 모두가 피해자일 수밖에. 살쾡이를 죽인 후 내뱉는 노인의 자조적 독백은 그러한 어이없는 현실에 대한 직접적인 고발이자 신랄한 비판이다.

어느 책 도둑의 고백

마커스 주삭Markus Zusak의 《책도둑》에 나오는 리젤은 도둑질의 폐해보다는 책의 가치와 의미를 환기 시킨다. 리젤에게 책은 어두운 시절을 견디며 살아갈 수 있게 하는 생의 연료였다.

나의 '책 도둑' 이력 또한 연조가 깊다. 중학교 2학년 때 한국문학전집을 모조리 읽어낼 수 있었던 건 순전히 탁월한 도둑질(?) 솜씨 덕분이었다. 한동안 그렇다고(?) 믿었다. 중고서점의 구석진 곳에서 읽던 책을 가방에 넣어 나오기를 수십 차례. 한 번도 실패하지 않았다는 자부심은 얼마 후 서점 주인의 한마디에 산산조각이 나고 말았다. 아예, 서점 주인이 기거하는 다락방에 올라가 밤낮으로 강호의 양서들을 섭렵하던 어느 날, 털보 주인아저씨 왈 "야, 도둑놈! 좋은 말 할 때 훔쳐간 책들 제자리에 갖다 놔라, 읽은 것부터…."

대학생 시절, 종로서적은 강호의 고수들이 몰려드는 공력 다툼

장이었다. 특히 6층의 문학관이 주무대. 감시인들의 눈을 피해 과업을 수행하는 건 그 자체로 스릴과 쾌감의 절정이며, 오르가슴을 만끽하는 일이었으니 쉽게 포기할 수 없었다. 단 한 번의 실수로 4층 사무실로 끌려가 주민등록번호와 주소를 대고 각서까지 써내는 굴욕을 당하기 전까지는 말이다.

손을 씻었다고 자부했건만 엊그제 또 다시 도벽이 발동하고 말았다. 예전과는 사뭇 다른 방식의 책 도둑질. 신간들을 주유하다 그 중 한 권을 선 채로 읽어치웠던 것. 비록 들고 나오진 않았지만 알맹이는 쏘옥 빼먹었으니 이 또한 도적질이 아니고 무엇이겠는가?

이렇게 얌체 독서로 읽은 게 호아킴 데 포사다Joachim de Posada의 신작 《바보 빅터 : 17년 동안 바보로 살았던 멘사 회장의 이야기》이다. 훗날 멘사의 회장이 될 만큼 뛰어난 지능을 가진 빅터가 학창시절부터 17년간이나 저능아 혹은 바보라는 놀림에 시달렸다는 얘기다. 그러나 빅터에겐 꿈이 있었고, 자신에 대한 믿음이 있었다. 그게 바로 이 책의 주된 메시지다.

아무려나 책도둑 리젤이 부러운 건 그녀의 삶이 통째로 책으로 설명된다는 것. 책이 곧 삶이며, 책이 곧 생의 연료였다는 그녀의 고백에 공감하는 건 아무래도 그녀와 같은 도벽 유전자를 가졌기 때문이 아닐까?

"내 이름은 리젤,

사람들은 나를 책도둑이라고 부른다.

내 삶의 이야기는 열 권의 책으로 이루어져 있다.

내가 훔친 여섯 권, 어느 날 부엌 식탁에 나타난 한 권,

지하실에 숨어 지내던 유대인이 선물해준 두 권,

그리고 노란 드레스를 입은 어느 부드러운 오후가 배달해준 한 권으로…."

좋은 사람 되기! 포기하고 행복하기?

　노숙인 생계를 돕기 위한 잡지 〈빅 이슈〉 창간을 준비할 때 많이 힘들었다. 2년여 동안 아무도 관심 갖지 않는 일을 혼자서 해보겠다고 설치고 다니면서 몸도, 마음도, 돈도 많이 썼다. 하지만 가장 힘든 것은 외로움이었다.
　'난 분명 좋은 일을 하려는 건데, 왜 사람들은 그걸 알아주지 않는 걸까?'
　그런 생각이 나를 괴롭혔던 것 같다. 뒤늦게 관심을 가져주는 사람, 빅 이슈 창간을 위해 기꺼이 희생할 각오가 된 착하고 좋은 사람들이 모여들면서 지금은 한국판 〈빅 이슈〉를 거리에서 만날 수 있다. 정작 가장 오랫동안, 가장 많은 시간과 돈과 정열을 쏟아부었던 내가 〈빅 이슈〉에서 손을 뗀 뒤 일이 착착 진행되었다.
　뭐라 설명해야 할까? 대체 이게 무슨 어이없는 경우인가? 사연이 길고 할 얘기도 많지만 여기서 한꺼번에 쏟아낼 수 없는 일.

마침 상처받은 내 마음을 치유하기 위해 나온 듯한 반가운 책이 있다. 듀크 로빈슨Duke Robinson의 《내 인생을 힘들게 하는 좋은 사람 콤플렉스》가 그것이다.

무의식중에 그리고 막연하게 '좋은 사람'이 되려 했던, 나의 허위의식이 결국 나 자신을 함정에 빠뜨렸다. 그로 인해 나의 무의식엔 세상과 사람들에 대한 분노만 쌓였을 뿐이다.

바로 그 점을 책은 이렇게 지적한다.

"좋은 사람이 되고자 애쓰는 사람들은 자신의 좋은 면만 외부로 표출하고 나쁜 면은 과도하게 억압한다. 그러다 보니 자신의 솔직한 감정을 외부에 드러내지 못하고 오직 남의 시선에 맞춰 끌려 다니는 인생을 살아가기 마련이다. 당연히 좋은 사람의 내면에는 미처 표출되지 못한 엄청난 양의 분노가 억압되어 있고, 그 억압된 분노가 서서히 자신의 삶을 파괴하고 있을 가능성이 크다."

'좋은 사람 콤플렉스'가 발생하는 원인과 이를 해결할 수 있는 심리학적인 방안을 다루고 있는 저자 듀크 로빈슨은 콤플렉스를 9가지로 분류하고 해당 분류별로 발생 원인과 실생활에서 적용 가능한 대화 및 가상 시나리오를 제시하여 콤플렉스를 효과적으로 극복하기 위한 해결책을 제시한다.

이름 없는 젊은 혁명가들에게 바치는 진혼곡

　우리 역사, 특히 일제강점기와 해방 공간, 한국전쟁의 역사적 소용돌이를 제대로 이해하고 싶은 사람이라면 이 책을 읽어야 한다. 우리 민족의 통일과 번영, 민중이 주인 되는 참세상 만들기에 관심을 가진 사람이거든 역시 이 책을 읽어보아야 한다. 세계만방의 숱한 영웅들과 비교해 전혀 손색이 없으면서도 그동안 우리 역사에서 철저하게 외면당했던 진정한 영웅 이야기를 듣고 싶은 사람이라면 두말할 필요도 없이 이 책을 읽어보아야 한다.
　《이현상 평전》이다.
　좌익 혹은 우익이라는 이념적 잣대로만 세상을 이해하고, 역사를 인식하고, 하물며 사람까지 평가해왔던 그 어처구니없던 시절의 관성을 버리지 못한 사람이라면 이 책을 읽을 필요가 없다. 오로지 나 하나 잘 먹고 잘살면 그만이라는 사고방식을 가진 사람도 이 책을 읽을 필요가 없다. 아니, 그런 사람들일수록 더욱 이 책을 읽어야할지 모르겠다.

역시 《이현상 평전》이다.

***

지난 50여 년 동안 '이현상'이라는 이름은 우리 현대사에서 철저하게 외면당했다. 그러나 역사가 제아무리 외면하고 왜곡하고 폄하하려해도 저절로 의미를 발해, 수많은 사람들의 기억 속에 남아있던 이름이기도 했다.

책을 읽기 전 어렴풋이 알고 있던 이현상은 그저 '신출귀몰했던 전설의 지리산 유격대장 혹은 남부군 총사령관' 정도였다. 그러나 그건 이현상이라는 거대한 고목에서 돋아난 가지 중에서도 얇디얇은 잔가지 하나에 불과할 뿐이었다. 그렇다고 이 책이 이현상의 모든 것을 담고 있는 건 아니다. 기록이 거의 남아있지 않은데다 가족들 대부분이 북한 땅에 있고, 얼마 안 되는 생존 빨치산들은 증언을 거부하거나 종적을 감춰버린 탓이다. 그럼에도 불구하고 저자는 집요한 집념과 엄청난 취재력으로 이현상의 '대부분'을 그려내는 데 성공했다.

우선 주목할 것은 저자가 이 평전을 쓰게 된 동기 부분이다. 전작 《경성 트로이카》를 통해 일제강점기 좌익계열 독립운동가들의 활동상을 세세하게 그려냈던 저자가 '포스트 경성트로이카'에 관심을 갖게 되었고, 혁명의 전야와도 같았던 그 시기에 좌익들 스스로 파국을 연출하고 마는 이른바 여순반란사건을 만나게 된다.

여순반란사건은 해방공간의 좌익 활동을 좇던 저자에겐 거대한 딜레마였다. 취재를 통해 좌우익을 막론하고 민간인 학살을 자행했다는 사실을 속속 확인했기 때문이었다. 물론 우익 군·경의 민간인 학살이 좌익의 그것에 비해 훨씬 더 잔인하고도 악랄했으며, 학살 민간인 수에서도 엄청난 차이를 나타내고 있기는 했다. 그러나 숫자의 차이가 좌익의 위안이거나 명분일 수는 없다. 요는 좌우익을 막론하고 학살을 자행했다는 사실이다.

문제의식과 고뇌가 깊어가던 무렵 저자는 생존 빨치산의 입을 통해 뜻밖의 증언을 듣게 된다. 이현상은 늘 '여순반란사건은 항쟁이 아니라 실패한 반란일 뿐이며, 명백히 당의 명령과 상관없는 일이었으며, 그로인해 남한의 혁명역량이 심대하게 위축됨으로써 결과적으로 혁명을 실패하게 만들었다'는 지론을 설파했었다고 한다. 증언자는 다시 강조한다. '이현상 선생님은 단 한 번도 여순사건을 항쟁이라 하지 않았으며 늘 반란이라고 했습니다.'

우익의 어느 누구도 우익 군경의 민간인 학살에 대해 언급하지 않았고 심지어는 조직적 은폐를 시도했던 것처럼 좌익 또한 자신들의 과오를 인정하거나 여순사건을 반란으로 명명하지 않고 있었던 게 당시의 정서였다.

  우리의 현대사는 좌익과 우익 간의 '삿대질의 역사'일 뿐이라고 인식하던 거개의 사람들에게 이현상의 발언은 생경하고도 신선한 충격일 수밖에 없다. 이후 저자가 줄기차게 추적하기로 작정한 게 바로 그 충격의 연원이었다.

***

  부유한 양반가의 막내아들로 태어나 수재였던 이현상은 중앙고보와 보성전문을 다니며 책을 통해 사회주의 사상과 혁명에 대한 신념을 갖게 된다. 1926년 6·10만세 사건을 시작으로 동맹휴학과 노조결성 및 파업을 주도하는 등 왕성한 활동을 지속했다. 1928년 첫 구속 이래 일제 식민치하에서만 무려 12년간의 감옥생활을 하며 일경으로부터 모진 고문을 받았지만 단 한 번도 변절하지 않아 일본 경찰로부터 '고문 강자'라는 별명을 얻게 된다.

  조직 활동의 장이면서 동시에 학습과 단련의 공간이기도 했던 감옥에서 만난 이재유, 김삼룡 등과 경성트로이카를 조직하는가 하면 이후 박헌영 등과 교류하며 경성콤그룹에 가담하기도 한다. 해방 이후에는 조선공산당 재건에 적극 가담하며, 남로당 연락부장, 간부부장을 맡아 활동하다 박헌영 등과 함께 월북한다.

  1948년 여순반란사건의 뒷수습을 하며 '조선 인민유격대 남부군 사령관'으로서 지리산 등지에서 치열한 빨치산 투쟁을 전개하며, 수많은 전설을 만들어냈다. 1950년 한국전쟁 발발 후엔 지리산에서 하산해 낙동강 전선 등에서 치열한 전투를 벌이다가, 미군의 인천 상륙 이후 다시 입산하여 빨치산 투쟁을 전개한다. 1953년 이현상은 평당원으로 강등됨과 동시에 빨치산 지도자로서의 모든 권한을 박탈당한다. 그리고 1953년 9월 17일, 지리산 빗점골에서 의문의 총탄에 맞아 숨진 시체로 발견된다. 48세 되던 해였다.

***

이현상의 영웅적 면모는 크게 두 가지로 정리될 듯하다. 일제 때부터 민중혁명을 꿈꾸며 맹렬히 활동했던 강직한 당 일꾼이었으며, 전쟁 중에는 유격대를 이끌고 수없는 전과를 거둔 용맹한 지휘관으로서 전쟁 후 당의 요직을 맡아 편안한 삶을 도모할 수 있었음에도 불구하고 끝끝내 험악한 산중에 남아 유격대를 이끌고 외로운 투쟁을 지속했다는 게 그 하나일 것이다. 일제 때부터 그와 함께 활동했던 박헌영, 이승엽 등이 북한 정권에 의해 미제의 간첩이라는 오명을 쓰고 쓸쓸히 형장의 이슬로 사라진 반면 지금껏 북한에서 제1의 혁명열사로 추앙받고 있는 이유가 바로 그것이기도 하다.

또한 5년여 빨치산 투쟁 기간 동안 신출귀몰한 전투력을 발휘했던, 강인하고 억세며 거친 성격을 가졌던 유객대원들이 단 한 번의 반발도 없이 한결같이 그를 '선생님'이라 부르며 존경해 왔다는 점이 두 번째로 언급할 만한 일이다. 혁명을 이루어야 한다는 원칙에 충실하면서도 인간에 대한 사랑, 민족과 민중에 대한 끝없는 사랑을 한순간도 잃지 않았다. 나이 어린 전사와 여성 전사에게도 늘 존댓말을 썼을 정도로 자신을 낮췄던 그의 겸손한 심성이 아니었다면 가능하지 않았을 일이다.

《이현상 평전》은 이현상 개인만의 평전일 수 없다. 일제강점기 민족해방을 위해 헌신했던 독립 운동가들에 대한 기나긴 추념사이며, 해방공간과 한국전쟁기의 정치·사회적 혼란상을 명쾌하게 정리해낸 훌륭한 역사 자료이다. 무엇보다 한 시절 자신의 신념을 위해 거침없이 내달리다 쓸쓸하게 명멸해간 이름 없는 젊은 혁명가들에게 바치는 장중한 진혼곡이다.